公路工程标准规范解读系列丛书
《公路工程机械台班费用定额》(JTG/T 3833—2018) 配套用书

《公路工程机械台班费用定额》释义手册

交通运输部路网监测与应急处置中心

方 申 尹如军 主编

人民交通出版社股份有限公司
China Communications Press Co.,Ltd.

律师声明

本书所有文字、数据、图像、版式设计、插图等均受中华人民共和国宪法和著作权法保护。未经人民交通出版社股份有限公司同意,任何单位、组织、个人不得以任何方式对本作品进行全部或局部的复制、转载、出版或变相出版。

任何侵犯本书权益的行为,人民交通出版社股份有限公司将依法追究其法律责任。

有奖举报电话:(010)85285150

北京市星河律师事务所
2017 年 10 月 31 日

图书在版编目(CIP)数据

《公路工程机械台班费用定额》释义手册 / 方申,尹如军主编. — 北京:人民交通出版社股份有限公司,2019.1

ISBN 978-7-114-15324-2

Ⅰ. ①公… Ⅱ. ①方…②尹… Ⅲ. ①道路工程—工程机械—费用—工时定额—手册 Ⅳ. ①U415.13-62

中国版本图书馆 CIP 数据核字(2019)第 002995 号

Gonglu Gongcheng Jixie Taiban Feiyong Ding'e Shiyi Shouce

书　　名	《公路工程机械台班费用定额》释义手册
著 作 者	方　申　尹如军
责任编辑	李　沛　周佳楠
责任校对	刘　芹
责任印制	张　凯
出版发行	人民交通出版社股份有限公司
地　　址	(100011)北京市朝阳区安定门外外馆斜街 3 号
网　　址	http://www.ccpress.com.cn
销售电话	(010)59757973
总 经 销	人民交通出版社股份有限公司发行部
经　　销	各地新华书店
印　　刷	北京市密东印刷有限公司
开　　本	880×1230　1/32
印　　张	13.625
字　　数	420 千
版　　次	2019 年 1 月　第 1 版
印　　次	2021 年 8 月　第 4 次印刷
书　　号	ISBN 978-7-114-15324-2
定　　价	90.00 元

(有印刷、装订质量问题的图书由本公司负责调换)

《〈公路工程机械台班费用定额〉释义手册》编审委员会

主编单位：交通运输部路网监测与应急处置中心

参编单位：河南省交通工程定额站

主　　编：方　申　尹如军

参编人员：王宝江　杨智勇　王春雷　王森岭　郭　利　黄云龙　王　潜　谢怀庆
　　　　　　杨　瑞　帖卉霞　李　燕　李　宁　王彩仙　杨志朴　王潇军　王　楹
　　　　　　王长虹　王　博　徐　浩　崔润超

主　　审：黄丽梅

审查人员：马海燕　余佩群　刘秋霞　郭卫民　吴　鸿　程　静　顾　剑　史琼仙
　　　　　　肖达勇　任金兰

前 言

为便于公路工程造价人员在实际工作中正确理解和运用新公路工程定额,特编写"公路工程定额释义系列手册"。系列手册是编写组根据定额修订过程中综合考虑的内容,以及对应用新定额时应注意的问题进行汇总和分析后编写而成,同时配以大量图片,以便读者更加直观了解和使用新定额。系列手册解释了新公路工程定额的工程内容、定额内容、机械台班、材料等。

"公路工程定额释义系列手册"包含三个分册,分别为:《公路工程材料价格使用手册》《〈公路工程预算定额〉释义手册》和《〈公路工程机械台班费用定额〉释义手册》。

本书为《〈公路工程机械台班费用定额〉释义手册》分册,主要内容包括土、石方工程机械,路面工程机械,混凝土及灰浆机械,水平运输机械,起重及垂直运输机械,打桩、钻孔机械,泵类机械,金属、木、石料加工机械,动力机械,工程船舶,工程检测仪器仪表,通风机,其他机械。

请各单位在使用过程中,将发现的问题及建议,函告交通运输部路网监测与应急处置中心(地址:北京市朝阳区安定路5号院8号楼外运大厦21层,邮编:100029,联系人:方申,电话:010-65299193,邮箱:lwzxzj@163.com),以便修订时参考。

"公路工程定额释义系列手册"编写组

2018年12月

目　次

说明	1
8001　土、石方工程机械	4
1.【机械名称】履带式推土机	4
2.【机械名称】轮胎式推土机	6
3.【机械名称】自行式铲运机	8
4.【机械名称】拖式铲运机	10
5.【机械名称】单斗履带式挖掘机	11
6.【机械名称】单斗轮胎式挖掘机	13
7.【机械名称】履带式装载机	15
8.【机械名称】轮胎式装载机	16
9.【机械名称】平地机	18
10.【机械名称】履带式拖拉机	20
11.【机械名称】轮胎式拖拉机	22
12.【机械名称】拖式羊足碾	23
13.【机械名称】光轮压路机	25
14.【机械名称】手扶式振动碾	27

15. 【机械名称】振动压路机 …… 28
16. 【机械名称】拖式振动碾 …… 30
17. 【机械名称】蛙式夯土机 …… 31
18. 【机械名称】内燃夯土机 …… 33
19. 【机械名称】强夯机械 …… 34
20. 【机械名称】手持式凿岩机 …… 36
21. 【机械名称】气腿式凿岩机 …… 37
22. 【机械名称】导轨式凿岩机 …… 38
23. 【机械名称】凿岩台车 …… 40
24. 【机械名称】液压潜孔钻机 …… 41
25. 【机械名称】履带式潜孔钻车 …… 43
26. 【机械名称】液压锚固钻机 …… 44
27. 【机械名称】风煤钻 …… 46
28. 【机械名称】全液压履带钻机 …… 47
29. 【机械名称】液压工程地质钻机 …… 48
30. 【机械名称】装药台车 …… 50
31. 【机械名称】装岩机 …… 51
32. 【机械名称】锻钎机 …… 53
33. 【机械名称】电动钻头磨床 …… 54
34. 【机械名称】电动修钎机 …… 55
35. 【机械名称】机动液压喷播机 …… 56

8003 路面工程机械 ·································· 58

1. 【机械名称】稳定土拌和机 ·································· 58
2. 【机械名称】稳定土厂拌设备 ·································· 60
3. 【机械名称】稳定土摊铺机 ·································· 62
4. 【机械名称】沥青乳化机 ·································· 63
5. 【机械名称】沥青乳化设备 ·································· 65
6. 【机械名称】导热油加热沥青设备 ·································· 66
7. 【机械名称】沥青脱桶设备 ·································· 68
8. 【机械名称】石屑撒布机 ·································· 69
9. 【机械名称】液态沥青运输车 ·································· 70
10. 【机械名称】沥青洒布车(机) ·································· 72
11. 【机械名称】黑色粒料拌和机 ·································· 74
12. 【机械名称】沥青混合料拌和设备 ·································· 75
13. 【机械名称】沥青混合料摊铺机 ·································· 77
14. 【机械名称】稀浆封层机 ·································· 79
15. 【机械名称】双钢轮振动压路机 ·································· 80
16. 【机械名称】轮胎式压路机 ·································· 81
17. 【机械名称】热熔标线设备 ·································· 83
18. 【机械名称】路面划线车 ·································· 84
19. 【机械名称】汽车式划线车 ·································· 85
20. 【机械名称】标线清除机 ·································· 86

21.【机械名称】凸起振动标线机 …………………………………… 87
22.【机械名称】水泥混凝土摊铺机 ………………………………… 88
23.【机械名称】排式振捣机 ………………………………………… 90
24.【机械名称】混凝土真空吸水机组 ……………………………… 91
25.【机械名称】混凝土整平机 ……………………………………… 92
26.【机械名称】混凝土抹光机 ……………………………………… 93
27.【机械名称】混凝土刻纹机 ……………………………………… 94
28.【机械名称】混凝土切缝机 ……………………………………… 95
29.【机械名称】高压清洗机 ………………………………………… 97
30.【机械名称】路缘石开沟机 ……………………………………… 98
31.【机械名称】沥青路缘石铺筑机 ………………………………… 99
32.【机械名称】混凝土路缘石铺筑机 ……………………………… 100
33.【机械名称】沥青灌缝机 ………………………………………… 101
34.【机械名称】路面铣刨机 ………………………………………… 102
35.【机械名称】同步碎石封层车 …………………………………… 103
36.【机械名称】水泥稀浆车 ………………………………………… 104
37.【机械名称】冷再生机 …………………………………………… 106
38.【机械名称】破路机 ……………………………………………… 107
39.【机械名称】路面清扫机 ………………………………………… 108
40.【机械名称】路面清扫车 ………………………………………… 109
41.【机械名称】多功能除雪机 ……………………………………… 110

42.【机械名称】道路养护车……………………………………………………111

8005　混凝土及灰浆机械………………………………………………………113
  1.【机械名称】强制式混凝土搅拌机……………………………………………113
  2.【机械名称】灰浆搅拌机…………………………………………………115
  3.【机械名称】混凝土喷射机………………………………………………116
  4.【机械名称】灰浆输送泵…………………………………………………117
  5.【机械名称】灰气联合泵…………………………………………………119
  6.【机械名称】水泥喷枪……………………………………………………120
  7.【机械名称】风动灌浆机…………………………………………………121
  8.【机械名称】电动灌浆机…………………………………………………122
  9.【机械名称】双液注浆泵…………………………………………………123
  10.【机械名称】单液注浆泵…………………………………………………125
  11.【机械名称】散装水泥车…………………………………………………126
  12.【机械名称】混凝土搅拌运输车…………………………………………128
  13.【机械名称】混凝土输送泵车……………………………………………130
  14.【机械名称】混凝土输送泵………………………………………………132
  15.【机械名称】混凝土振动台………………………………………………134
  16.【机械名称】水泥混凝土搅拌站…………………………………………135
  17.【机械名称】混凝土布料机………………………………………………137
  18.【机械名称】插入式混凝土振捣器………………………………………138
  19.【机械名称】附着式混凝土振捣器………………………………………139

20.【机械名称】液压滑升机械 141
21.【机械名称】连续梁桥顶推设备 142
22.【机械名称】预应力拉伸机 143
23.【机械名称】钢绞线拉伸设备 145
24.【机械名称】智能张拉系统 146
25.【机械名称】钢绞线压花机 147
26.【机械名称】钢绞线穿束机 148
27.【机械名称】波纹管卷制机 149
28.【机械名称】压浆机(含拌浆机) 150
29.【机械名称】智能压浆系统 151
30.【机械名称】预制块生产设备 152

8007　水平运输机械　153

1.【机械名称】载货汽车 153
2.【机械名称】自卸汽车 155
3.【机械名称】平板拖车组 157
4.【机械名称】运油汽车 159
5.【机械名称】加油汽车 160
6.【机械名称】洒水汽车 162
7.【机械名称】机动翻斗车 164
8.【机械名称】轨道拖车头 165
9.【机械名称】轨道铁斗车 166

10.【机械名称】手扶式拖拉机(带斗) ······ 168
11.【机械名称】电瓶车 ······ 169
12.【机械名称】梭式矿车 ······ 170
13.【机械名称】轮胎式运梁车 ······ 172

8009 起重及垂直运输机械 ······ 174
1.【机械名称】履带式起重机 ······ 174
2.【机械名称】轮胎式起重机 ······ 176
3.【机械名称】汽车式起重机 ······ 178
4.【机械名称】高空作业车 ······ 180
5.【机械名称】塔式(附着式)起重机 ······ 182
6.【机械名称】桅杆式起重机 ······ 184
7.【机械名称】龙门式起重机 ······ 185
8.【机械名称】跨缆吊机 ······ 187
9.【机械名称】行走式桥面吊机 ······ 188
10.【机械名称】悬臂吊机 ······ 189
11.【机械名称】少先吊 ······ 190
12.【机械名称】单筒慢动电动卷扬机 ······ 191
13.【机械名称】单筒快动电动卷扬机 ······ 193
14.【机械名称】双筒慢动电动卷扬机 ······ 195
15.【机械名称】双筒快动电动卷扬机 ······ 197
16.【机械名称】手摇卷扬机 ······ 199

17.【机械名称】皮带运输机 ·· 200

18.【机械名称】电动葫芦 ·· 202

19.【机械名称】内燃叉车 ·· 204

20.【机械名称】单笼施工电梯 ·· 206

21.【机械名称】双笼施工电梯 ·· 207

22.【机械名称】绞车 ·· 209

23.【机械名称】箱涵顶进设备 ·· 210

24.【机械名称】人工挖土法顶管设备 ·· 212

25.【机械名称】挤压法顶管设备 ·· 213

26.【机械名称】液压千斤顶 ·· 215

27.【机械名称】液压升降机 ·· 216

8011 打桩、钻孔机械 ·· 218

1.【机械名称】导杆式柴油打桩机 ·· 218

2.【机械名称】轨道式柴油打桩机 ·· 219

3.【机械名称】重锤打桩机 ·· 221

4.【机械名称】振动打拔桩机 ·· 222

5.【机械名称】振动打拔桩锤 ·· 223

6.【机械名称】液压式静力压桩机 ·· 225

7.【机械名称】冲击钻机 ·· 227

8.【机械名称】冲击反循环钻机 ·· 228

9.【机械名称】回旋钻机 ·· 230

10.【机械名称】汽车式钻孔机……………………………………………………… 231

11.【机械名称】潜水钻机…………………………………………………………… 233

12.【机械名称】全套管钻孔机……………………………………………………… 234

13.【机械名称】履带式旋挖钻机…………………………………………………… 236

14.【机械名称】旋挖钻机…………………………………………………………… 238

15.【机械名称】泥浆制作循环设备………………………………………………… 239

16.【机械名称】泥浆分离器………………………………………………………… 240

17.【机械名称】泥浆搅拌机………………………………………………………… 241

18.【机械名称】袋装砂井机………………………………………………………… 243

19.【机械名称】振冲器……………………………………………………………… 244

20.【机械名称】螺旋钻孔机………………………………………………………… 246

21.【机械名称】铣槽机……………………………………………………………… 247

22.【机械名称】履带式液压抓斗成槽机…………………………………………… 248

23.【机械名称】履带式绳索抓斗成槽机…………………………………………… 249

24.【机械名称】液压冲击重凿机…………………………………………………… 250

25.【机械名称】锁口管顶升机……………………………………………………… 251

26.【机械名称】高压旋喷钻机……………………………………………………… 252

27.【机械名称】粉体发送设备……………………………………………………… 253

28.【机械名称】高压注浆泵………………………………………………………… 254

29.【机械名称】深层喷射搅拌机…………………………………………………… 256

| 8013 | 泵类机械 | 258 |

- 1.【机械名称】单级离心清水泵 ········· 258
- 2.【机械名称】多级离心清水泵 ········· 260
- 3.【机械名称】单级自吸式水泵 ········· 262
- 4.【机械名称】潜水泵 ················· 263
- 5.【机械名称】污水泵 ················· 265
- 6.【机械名称】泥浆泵 ················· 266
- 7.【机械名称】砂泵 ··················· 268
- 8.【机械名称】射流井点泵 ············· 269
- 9.【机械名称】真空泵 ················· 271
- 10.【机械名称】油泵 ·················· 272

| 8015 | 金属、木、石料加工机械 | 274 |

- 1.【机械名称】钢筋调直切断机 ········· 274
- 2.【机械名称】钢筋切断机 ············· 275
- 3.【机械名称】钢筋弯曲机 ············· 277
- 4.【机械名称】钢筋直螺纹滚丝机 ······· 278
- 5.【机械名称】钢筋镦头机 ············· 279
- 6.【机械名称】数控钢筋弯箍机 ········· 281
- 7.【机械名称】数控立式钢筋弯曲中心 ··· 282
- 8.【机械名称】全自动钢筋笼滚焊机 ····· 283
- 9.【机械名称】钢筋挤压连接机 ········· 284

10.【机械名称】钢丝缠束机 ... 285

11.【机械名称】钢缆缠丝机 ... 286

12.【机械名称】钢缆压紧机 ... 287

13.【机械名称】木工圆锯机 ... 289

14.【机械名称】木工带锯机(带跑车) ... 290

15.【机械名称】木工平刨床 ... 292

16.【机械名称】木工压刨床 ... 293

17.【机械名称】木工开榫机 ... 295

18.【机械名称】木工打眼机 ... 296

19.【机械名称】木工裁口机(多面) ... 297

20.【机械名称】木工榫槽机 ... 298

21.【机械名称】交流电弧焊机 ... 300

22.【机械名称】直流电弧焊机 ... 301

23.【机械名称】硅整流电弧焊机 ... 303

24.【机械名称】氩弧焊机 ... 304

25.【机械名称】CO_2保护焊机 ... 306

26.【机械名称】等离子弧焊机 ... 307

27.【机械名称】等离子切割机 ... 308

28.【机械名称】半自动切割机 ... 310

29.【机械名称】自动埋弧焊机 ... 311

30.【机械名称】交流对焊机 ... 313

31.【机械名称】缝焊机	314
32.【机械名称】交流点焊机	316
33.【机械名称】电焊条烘干箱	317
34.【机械名称】颚式破碎机	319
35.【机械名称】反击式破碎机	321
36.【机械名称】圆锥破碎机	323
37.【机械名称】打磨机	324
38.【机械名称】振动给料机	325
39.【机械名称】制砂机	326
40.【机械名称】筛洗石子机	327
41.【机械名称】滚筒式筛分机	329
42.【机械名称】惯性振动筛	330
43.【机械名称】偏心振动筛	331
44.【机械名称】圆振动筛	333
45.【机械名称】型材切割机	334
46.【机械名称】抛丸除锈机	336
8017 动力机械	**338**
1.【机械名称】柴油发电机组	338
2.【机械名称】变压器	340
3.【机械名称】箱式变压器	342
4.【机械名称】高压开关柜	344

5.【机械名称】低压配电屏 ·· 345

6.【机械名称】空气压缩机 ·· 346

7.【机械名称】工业锅炉 ·· 348

8019 工程船舶 ·· 350

1.【机械名称】内燃拖轮 ·· 350

2.【机械名称】工程驳船 ·· 352

3.【机械名称】自航式工程驳船 ·· 355

4.【机械名称】泥浆船 ·· 356

5.【机械名称】打桩船 ·· 357

6.【机械名称】船用柴油打桩锤 ·· 358

7.【机械名称】起重船 ·· 360

8.【机械名称】混凝土搅拌船 ·· 362

9.【机械名称】抛锚船 ·· 363

10.【机械名称】机动艇 ··· 365

8021 工程检测仪器仪表 ·· 366

1.【机械名称】光纤测试仪 ·· 366

2.【机械名称】局域网电缆测试仪 ·· 367

3.【机械名称】微机硬盘测试仪 ·· 368

4.【机械名称】误码率测试仪 ·· 369

5.【机械名称】PCM 通道测试仪 ··· 370

6.【机械名称】信令分析仪 ·· 371

7.【机械名称】网络分析仪 ... 372
8.【机械名称】频谱分析仪 ... 373
9.【机械名称】继电保护测试仪 ... 374
10.【机械名称】三相精密测试电源 ... 375
11.【机械名称】电能校验仪 ... 376
12.【机械名称】记录仪 ... 377
13.【机械名称】真空断路器测试仪 ... 378
14.【机械名称】光纤熔接机 ... 379
15.【机械名称】光缆气流吹缆机 ... 380
16.【机械名称】光时域反射仪 ... 381
17.【机械名称】光功率计 ... 383
18.【机械名称】场强仪 ... 384
19.【机械名称】万能母线机 ... 385
20.【机械名称】数字存储示波器 ... 386
21.【机械名称】示波器 ... 388
22.【机械名称】双通道示波器 ... 389
23.【机械名称】数显频率发生器 ... 390
24.【机械名称】彩色监视器 ... 391
25.【机械名称】电视测试信号发生器 ... 392
26.【机械名称】便携式计算机 ... 393
27.【机械名称】数字多用表 ... 394

28.【机械名称】微波频率计 …… 395
29.【机械名称】高压试验变压器全套装置 …… 397
30.【机械名称】直流高压发生器 …… 398
31.【机械名称】轻型试验变压器 …… 399
32.【机械名称】数字高压表 …… 400

8023 通风机 …… 402
1.【机械名称】轴流式通风机 …… 402
2.【机械名称】离心式通风机 …… 404
3.【机械名称】吹风机 …… 405
4.【机械名称】鼓风机 …… 406
5.【机械名称】喷砂除锈机 …… 408
6.【机械名称】液压无气喷涂机 …… 409

8025 其他机械 …… 411
1.【机械名称】潜水设备 …… 411
2.【机械名称】潜水减压舱 …… 412
3.【机械名称】工程修理车 …… 413

说 明

[原文]

一、本定额是《公路工程建设项目投资估算编制办法》(JTG 3820—2018)、《公路工程建设项目概算预算编制办法》(JTG 3830—2018)、《公路工程估算指标》(JTG/T 3821—2018)、《公路工程预算定额》(JTG/T 3831—2018)、《公路工程概算定额》(JTG/T 3832—2018)的配套定额,是编制公路基本建设工程概算、预算的依据,公路养护大、中修工程,可参考使用。

[释义]

本条文说明的是《公路工程机械台班费用定额》(JTG/T 3833—2018)的作用及适用范围。

《公路工程预算定额》(JTG/T 3831—2018)、《公路工程概算定额》(JTG/T 3832—2018)是以各工程项目工、料、机消耗量为表现形式的实物量定额,本定额是《公路工程预算定额(JTG/T 3831—2018)》、《公路工程概算定额》(JTG/T 3832—2018)的配套定额,是编制公路基本建设工程概算、预算分析计算定额中机械台班单价的依据。

由于基本建设工程与养护大、中修工程存在生产规模上的差异对机械利用率的影响,因此本条规定本定额是编制公路基本建设概算、预算的依据,对于公路养护大、中修工程可参考使用。

[原文]

二、本定额包括:土石方工程机械,路面工程机械,混凝土及灰浆机械,水平运输机械,起重及垂直运输机械,打桩、钻孔机械,泵类机械,金属、木、石料加工机械,动力机械,工程船舶,工程检测仪器仪表,通风机,其他机械,共计13类972个子目。

[释义]

本条文说明的是《公路工程机械台班费用定额》(JTG/T 3833—2018)所包含内容。

[原文]

三、本定额中各类机械(除潜水设备、变压器和配电设备外)每台(艘)班均按8h计算,潜水设备每台班按6h计算,变压器和配电设备每台班按一个昼夜计算。

[释义]

本条文说明的是《公路工程机械台班费用定额》(JTG/T 3833—2018)中各类机械每台班工作时间的规定。

潜水工作由于水压力的影响,变压器和配电设备由于连续工作的实际,因此规定潜水设备和变压器、配电设备每台班的工作时间与一般设备每台班工作的时间不同。潜水设备每台班按6h计算,变压器和配电设备每台班按一个昼夜计算。

[原文]

四、本定额由以下7项费用组成:

1. 折旧费:指施工机械在规定的耐用总台班内,陆续收回其原值含智能信息化管理设备费的费用。

2. 检修费:指施工机械在规定的耐用总台班内,按规定的检修间隔进行必要的检修,以恢复其正常功能所需的费用。

3. 维护费:指施工机械在规定的耐用台班内,按规定的维护间隔进行各级维护和临时故障排除所需的费用。包括为保障机械正常运转所需替换设备与随机配备工具附具的摊销费用、机械运转及日常维护所需润滑与擦拭的材料费用及机械停滞期间的维护费用等。

4. 安拆辅助费:指施工机械在现场进行安装与拆卸所需的人工、材料、机械和试运转费用以及机械辅助设施的折旧、搭设、拆除等费用。

5. 人工费:指随机操作人员的工作日工资(包括工资、各类津贴、补贴、辅助工资、劳动保护费等)。

6. 动力燃料费:指机械在运转施工作业中所耗用的电力、固体燃料(煤、木柴)、液体燃料(汽油、柴油、重油)和水费。

7. 车船税:指施工机械按照国家、省(自治区、直辖市)规定应缴纳的车船使用税。

[释义]

本条文说明的是《公路工程机械台班费用定额》(JTG/T 3833—2018)机械台班单价的组成。

按照住房城乡建设部、财政部关于印发《建筑安装工程费用项目组成》的通知(建标〔2013〕44号)对施工机械台班单价组成的要求,本定额将机械台班单价组成划分为折旧费、检修费、维护费、安拆辅助费、人工费、动力燃料费和车船税。

[计算参数释义]

残值率:指施工机具丧失使用价值以后,经过拆除清理所残留的、可供出售或利用的零部件、废旧材料等的价值。

年工作台班:指施工机具设备在年度内使用的台班数量。

折旧年限:指施工机具设备从开始投入使用至报废前使用的总周期年数。

耐用总台班:指施工机具设备从开始投入使用至报废前使用的总台班数。

大修理次数:指施工机具设备在其总台班内规定的检修次数。

K 值:台班经常修理费系数,参考住建部《全国统一施工机械台班费用定额》同类机械类别及原定额推算的方法确定。

8001　土、石方工程机械

1.【机械名称】履带式推土机

【实物图片】

【机械用途】

履带式推土机是一种短距离自行式铲土运输机械,在土方施工机械中占有十分重要的地位,适用于50~100m的短距离施工作业。主要用于开挖路堑、构筑路堤、回填基坑、铲除障碍、清除积雪、平整场地等,也可用来完成短距离内松散物料的铲运和堆积作业。

推土机前方装有大型的金属推土刀,使用时放下推土刀,向前铲削并推送泥、沙及石块等,推土刀位置和角度可以调整。推土机能单独完成挖土、运土和卸土工作,具有操作灵活、转动方便、所需工作面小、行驶速度快等特点。

履带式推土机主要有发动机、传感系统、行走装置、工作装置、电器部分、驾驶室和机罩等组成。

【定额分类】

本定额按履带式推土机使用工况,将其分为标准型履带式推土机和湿地履带式推土机,二者主要是履带宽度不同。

标准型履带式推土机按功率分为60kW以内、75kW以内、90kW以内、105kW以内、120kW以内、135kW以内、165kW以内、240kW以内和320kW以内。湿地履带式推土机分为105kW以内、135kW以内和165kW以内。

【计算参数】

代号	机具名称				残值率(%)	年工作台班	折旧年限	耐用总台班	大修理次数	K 值
8001001	履带式推土机	标准型	功率(kW)	60 以内	T80	5	150	10	1500	2	2.64
8001002				75 以内	TY100	5	200	11	2200	2	2.64
8001003				90 以内	T120A	5	200	11	2200	2	2.64
8001004				105 以内	T140-1 带松土器	5	200	11	2200	2	2.64
8001005				120 以内		5	200	11	2200	2	2.64
8001006				135 以内	T180 带松土器	5	200	11	2200	2	2.64
8001007				165 以内	T220 带松土器	5	200	11	2200	2	2.64
8001008				240 以内	SH320 带松土器	5	200	11	2200	2	2.04

续上表

代 号	机 具 名 称					残值率（%）	年工作台班	折旧年限	耐用总台班	大修理次数	K值
8001009	履带式推土机	湿地	功率（kW）	320 以内	带松土器	5	200	11	2200	2	1.88
8001010				105 以内	TS140	5	200	11	2200	2	2.5
8001011				135 以内	TS180	5	200	11	2200	2	2.5
8001012				165 以内	TS220	5	200	11	2200	2	2.5

2.【机械名称】轮胎式推土机

【实物图片】

【机械用途】

轮胎式推土机一般是以专用底盘、前后桥驱动、液压传动为基础而改制成的一种具有很强工况适应性的施工机械。由于采用轮胎为行走机构,与履带式推土机相比,它可以更快的速度、更高的效率来完成推挖、平整、回填等土石方作业;同时它具有很强的机动灵活性,工地转移相当方便,因而被广泛地用于民用建筑、道路、机场、堤坝、矿山开采、港口码头、农田改造及国防工程建设中。

轮胎式推土机和履带式推土机一样都是由发动机、传感系统、行走装置、工作装置、电器部分、驾驶室和机罩等组成。

【定额分类】

轮胎式推土机按功率分为135kW以内和160kW以内。

【计算参数】

代号	机具名称					残值率(%)	年工作台班	折旧年限	耐用总台班	大修理次数	K值
8001013	推土机	轮胎式	功率(kW)	135以内	TL180A	5	200	11	2200	2	2.5
8001014				160以内	TL210A	5	200	11	2200	2	2.5

3.【机械名称】自行式铲运机

【实物图片】

【机械用途】

自行式铲运机是一种利用装在前后轮轴之间的带有铲刃的铲斗在行进中顺序完成铲削、装载、运输和卸铺的铲土运输机械,适用于中距离大规模土方转移工程。它能综合地完成铲土、装土、运土和卸铺四个工序,并能控制填土铺层厚度、进行平土作业和对卸下的土进行局部碾压等,特别适合用于大量土方和大面积基坑填挖的工程。

铲运机包括车轮、牵引梁、车架、液压装置、带铲土机构的铲斗、支架机构和车架升降调整机构,其主要特征在于带铲土机构的铲斗,由斗体、滑动挡板、转动挡板、铲刃和破土刀组成。

【定额分类】
自行式铲运机按斗容量分为 $4m^3$ 以内、$8m^3$ 以内、$10m^3$ 以内、$12m^3$ 以内、$16m^3$ 以内和 $23m^3$ 以内。

【计算参数】

代号	机具名称				残值率(%)	年工作台班	折旧年限	耐用总台班	大修理次数	K 值
8001015	铲运机	自行式	斗容量(m^3)	4 以内	5	160	12	1920	2	2.72
8001016				8 以内 C1-6	5	160	12	1920	2	2.72
8001017				10 以内 CL7	5	160	12	1920	2	2.72
8001018				12 以内 621B,CL9	5	160	12	1920	2	2.72
8001019				16 以内	5	160	12	1920	2	2.72
8001020				23 以内 631D	5	160	12	1920	2	2.72

4.【机械名称】拖式铲运机

【实物图片】

【机械用途】
　　拖式铲运机由单独牵引车拖挂进行作业。牵引车可以是履带式或轮胎式拖拉机。路况差时可使用履带式牵引车,运距一般在300m以内。如用轮胎式牵引车,其速度高,运距可成倍增加。

【定额分类】
　　拖式铲运机按斗容量分为$3m^3$以内、$8m^3$以内、$10m^3$以内和$12m^3$以内。

【计算参数】

代 号	机 具 名 称					残值率（%）	年工作台班	折旧年限	耐用总台班	大修理次数	K值
8001021	铲运机	拖式（含头）	斗容量（m³）	3 以内	C2-3A,CTY3	5	160	12	1920	2	3.34
8001022				8 以内	C2-6,CTY6	5	160	12	1920	2	3.34
8001023				10 以内	CT-7	5	160	12	1920	2	3.34
8001024				12 以内	CT-10	5	160	12	1920	2	3.34

5.【机械名称】单斗履带式挖掘机

【实物图片】

【机械用途】

利用单个铲斗挖掘土壤或矿石的自行式挖掘机械,由工作装置、转台和行走装置等组成。作业时,铲斗挖掘满斗后转向卸土点卸土,空斗返转挖掘点进行周期作业。广泛应用在房屋建筑施工、筑路工程、水电建设、农田改造和军事工程,以及露天矿场、露天仓库和采料场中。机械式挖掘机主要用于矿用大型挖掘机上。

【定额分类】

按动力传递和控制方式分为单斗履带式挖掘机和单斗履带式机械挖掘机,本定额中单斗履带式挖掘机的动力传递和控制方式为液压式。单斗履带式挖掘机按斗容量分为 $0.6m^3$、$0.8m^3$、$1.0m^3$、$1.25m^3$、$1.6m^3$、$2.0m^3$、$2.5m^3$ 和 $3.0m^3$;单斗履带式机械挖掘机按斗容量分为 $1.0m^3$、$1.5m^3$ 和 $2.0m^3$。

【计算参数】

代号	机具名称				残值率(%)	年工作台班	折旧年限	耐用总台班	大修理次数	K 值
8001025	单斗挖掘机	履带式	斗容量(m^3)	0.6	WY60 液压	5	200	12	2400	2	2.28
8001026				0.8	WY80 液压	5	200	12	2400	2	2.14
8001027				1.0	WY100 液压	5	200	12	2400	2	2.14
8001028				1.25	WY125 液压	5	200	12	2400	2	2.14
8001029				1.6	WY160 液压	5	200	12	2400	2	2.14
8001030				2.0	WY200A 液压	5	200	12	2400	2	2.14
8001031				2.5	WY250 液压	5	200	12	2400	2	2.14
8001032				2.5	WY250 带破碎锤	5	200	12	2400	2	2.7
8001033				2.5	WY250 带 ER650 铣挖机	5	200	12	2400	2	2.7

续上表

代 号	机 具 名 称				残值率(%)	年工作台班	折旧年限	耐用总台班	大修理次数	K值
8001034	单斗挖掘机	履带式	斗容量（m³）	3.0	WY300液压	5	200	12	2400	2	2.14
8001035				1.0	WK100机械	5	200	12	2400	2	2.14
8001036				1.5		5	200	12	2400	2	2.14
8001037				2.0	W200A机械	5	200	12	2400	2	2.14

6.【机械名称】单斗轮胎式挖掘机

【实物图片】

【机械用途】

单斗轮胎式挖掘机多用于市政工程和国防工程。在建筑工程中,单斗挖掘机可挖掘基坑、沟槽,清理和平整场地。其优点是行走时不破坏城市路面、机动性强、行走速度快,但斗容量较小,一般用于中小型工程。

【定额分类】

单斗轮胎式挖掘机按斗容量分为 $0.2m^3$、$0.4m^3$ 和 $0.6m^3$。

【计算参数】

代号	机具名称					残值率(%)	年工作台班	折旧年限	耐用总台班	大修理次数	K 值
8001038	单斗挖掘机	轮胎式	斗容量(m^3)	0.2	WY20 液压	5	200	12	2400	2	2.7
8001039				0.4	WY40 液压	5	200	12	2400	2	2.7
8001040				0.6	WY60 液压	5	200	12	2400	2	2.7

7.【机械名称】履带式装载机

【实物图片】

【机械用途】

履带式装载机广泛应用于能源、交通、矿山、冶金等行业的土石方作业,通过性、稳定性好,在松软地面行走不打滑。但行走速度相对较慢,适用于轮胎式装载机不能作业且工作量集中的短距离运输。

【定额分类】

按卸料方式不同分为标准履带式装载机和履带式三向倾卸装载机。履带式三向倾卸装载机的工作装置可相对于车架运动一定角度,装载机可以原地不动往不同方向卸料,作业效率高,可在狭窄场地工作。

标准履带式装载机按斗容量划分为 $1.5m^3$、$2.0m^3$ 和 $3.2m^3$。

【计算参数】

代 号	机 具 名 称					残值率（%）	年工作台班	折旧年限	耐用总台班	大修理次数	K值
8001041	装载机	履带式	斗容量（m³）	1.5	三向倾卸	5	200	12	2400	2	1.88
8001042				2.0	Z2-3.5,ZY40	5	200	12	2400	2	2.9
8001043				3.2	ZY65	5	200	12	2400	2	2.9

8.【机械名称】轮胎式装载机

【实物图片】

【机械用途】

轮胎式装载机是一种广泛应用于公路、铁路、港口、码头、煤炭、矿山、水利、国防等工程和城市建设等场所的铲土运输机械。其优点是自重轻,机动性好,行走速度快,作业循环时间短,工地转移迅速且不需平板车运输。

【定额分类】

本定额将轮胎式装载机分为标准轮胎式装载机、轮胎式三向倾卸装载机及轮胎式挖掘装载机。

标准轮胎式装载机按斗容量分为 $0.5m^3$、$1.0m^3$、$1.5m^3$、$2.0m^3$、$3.0m^3$ 和 $3.5m^3$。轮胎式三向倾卸装载机按斗容量分为 $2.0m^3$ 和 $3.0m^3$。轮胎式挖掘装载机按斗容量分为 $0.3m^3$ 和 $0.35m^3$。轮胎式防爆型装载机按斗容量只分为 $2.0m^3$。

【计算参数】

代号	机具名称				残值率(%)	年工作台班	折旧年限	耐用总台班	大修理次数	K 值
8001044	装载机	轮胎式	斗容量(m^3)	0.5	ZL10	5	200	12	2400	2	2.9
8001045				1.0	ZL20	5	200	12	2400	2	2.9
8001046				1.5	ZL30	5	200	12	2400	2	2.9
8001047				2.0	ZL40	5	200	12	2400	2	2.9
8001048				2.5		5	200	12	2400	2	2.9
8001049				3.0	ZL50	5	200	12	2400	2	2.9
8001050				3.5	ZL60	5	200	12	2400	2	3.62
8001051				2.0	防爆型 ZL40	5	200	12	2400	2	2.9
8001052				2.0	ZLD40 三向倾卸	5	200	12	2400	2	2.9

续上表

代　号	机　具　名　称				残值率（%）	年工作台班	折旧年限	耐用总台班	大修理次数	K 值
8001053	装载机	轮胎式	斗容量（m³）	3.0	ZLD50 三向倾卸	5	200	12	2400	2	2.9
8001054				0.3	带挖掘功能	5	200	12	2400	2	2.7
8001055				0.35	带挖掘功能	5	200	12	2400	2	2.7

9.【机械名称】平地机

【实物图片】

【机械用途】
　　平地机是利用刮刀平整地面的土方机械。刮刀装在机械前后轮轴之间,能升降、倾斜、回转和外伸。平地机动作灵活准确,操纵方便,平整场地有较高的精度。可广泛运用于公路、机场、农田等大面积地面平整、挖沟、刮坡、推土、松土和除雪作业。是国防工程、矿山建设、城乡道路等建筑施工和水利建设、农田改良所必需的工程机械。

【定额分类】
　　平地机按功率分为75kW以内、90kW以内、120kW以内、135kW以内、150kW以内、180kW以内、200kW以内和220kW以内。

【计算参数】

代　号	机　具　名　称			残值率（％）	年工作台班	折旧年限	耐用总台班	大修理次数	K值
8001056	平地机	功率（kW）	75以内	5	200	11	2200	2	3.51
8001057			90以内　　　F105	5	200	11	2200	2	3.51
8001058			120以内　　 F155	5	200	11	2200	2	3.51
8001059			135以内	5	200	11	2200	2	3.51
8001060			150以内　　 F205	5	200	11	2200	2	3.51
8001061			180以内	5	200	11	2200	2	3.51
8001062			200以内　　 F250	5	200	11	2200	2	3.51
8001063			220以内	5	200	11	2200	2	3.51

10.【机械名称】履带式拖拉机

【实物图片】

【机械用途】

履带式拖拉机主要适用于水田地、潮湿地、旱田地的深耕作业。

履带式拖拉机的行走装置由引导轮、随动轮、支重轮、驱动轮及履带构成。运转时,驱动轮卷绕履带循环运动,支重轮在履带的轨道上滚动前进或后退。履带式拖拉机具有对土壤的单位面积压力小和对土壤的附着性能好(不易打滑)等优点,在土壤潮湿及松软地带有较好的通过性能,牵引效率也高。

【定额分类】

履带式拖拉机按功率分为50kW以内、60kW以内、75kW以内、90kW以内、120kW以内、135kW以内、165kW以内和240kW以内。

【计算参数】

代号	机具名称					残值率（%）	年工作台班	折旧年限	耐用总台班	大修理次数	K值
8001064	拖拉机	履带式	功率（kW）	50以内		5	200	12	2400	2	2.72
8001065				60以内		5	200	12	2400	2	2.72
8001066				75以内		5	200	12	2400	2	2.72
8001067				90以内		5	200	12	2400	2	2.72
8001068				120以内		5	200	12	2400	2	2.72
8001069				135以内		5	200	12	2400	2	2.72
8001070				165以内	NT855－C280	5	200	12	2400	2	2.72
8001071				240以内	NTA－855C	5	200	12	2400	2	2.72

11.【机械名称】轮胎式拖拉机

【实物图片】

【机械用途】

轮胎式拖拉机就是行走装置是轮子的拖拉机。有二轮(手扶式拖拉机)、四轮等多种形式。又分后轮驱动和四轮驱动。大马力轮胎式拖拉机有较好的牵引性能,适用于大农场配带宽幅农具进行高速作业,也可用于公路路基施工中翻土晾晒作业。

【定额分类】

轮胎式拖拉机按功率分为9kW以内、21kW以内、41kW以内和75kW以内。

【计算参数】

代　号	机　具　名　称			残值率（%）	年工作台班	折旧年限	耐用总台班	大修理次数	K 值
8001072	拖拉机	手扶式	功率（kW）	9 以内	4	200	7	1400	1	2.14
8001073		轮胎式		21 以内	4	200	7	1400	2	2.15
8001074				41 以内	4	200	7	1400	2	2.15
8001075				75 以内	4	200	7	1400	2	2.14

12.【机械名称】拖式羊足碾

【实物图片】

【机械用途】

拖式羊足碾由牵引机拖行,羊足碾单位压力大,使填料均匀,有捣实作用,且压实度大,适用于压实黏性土壤及碎石层。尤其对硬性黏土、凸块有搅拌、揉搓和捣实作用,使填料均匀,上下铺层黏结好避免分层。广泛用于路基、垫层和堤坝等工程的压实。

【定额分类】

拖式羊足碾按机械自身质量分为3t以内和6t以内。

【计算参数】

代　号	机　具　名　称				残值率(%)	年工作台班	折旧年限	耐用总台班	大修理次数	K值
8001076	羊足碾（含头）	机械自身质量（t）	3以内	单筒	5	200	12	2400	1	5.94
8001077			6以内	双筒	5	200	12	2400	1	5.94

13.【机械名称】光轮压路机

【实物图片】

【机械用途】

光轮压路机是依靠自身质量产生的静压力作用,使被压层产生永久变形的压实机械,可以有效压实各类砂土、砂砾土等非黏性土壤。

【定额分类】

光轮压路机按机械自身质量分为 6~8t、8~10t、10~12t、12~15t、15~18t、18~21t 和 21~25t。

【计算参数】

代　号	机　具　名　称			残值率（%）	年工作台班	折旧年限	耐用总台班	大修理次数	K值
8001078	光轮压路机	机械自身质量（t）	6～8	2Y-6/8	5	200	11	2200	2	3.26
8001079			8～10	2Y-8/10	5	200	11	2200	2	3.26
8001080			10～12	3Y-10/12	5	200	11	2200	2	3.26
8001081			12～15	3Y-12/15	5	200	11	2200	2	3.26
8001082			15～18	3Y-15/18	5	200	11	2200	2	3.26
8001083			18～21	3Y-18/21	5	200	11	2200	2	3.26
8001084			21～25	3Y-21/25	5	200	11	2200	2	3.26

14.【机械名称】手扶式振动碾

【实物图片】

【机械用途】

手扶式单轮振动碾结构紧凑,体积小,转换场地方便。可与大型压路机配套用于路基、基础表面、沥青表面的人行道、井盖周边、路肩及小规模铺装工程,也可用于路面填埋后、道路坑洼的修补、小型停车场、体育场的压实。

【定额分类】

手扶式振动碾按机械自身质量只分为0.6t。

【计算参数】

代 号	机 具 名 称			残值率（%）	年工作台班	折旧年限	耐用总台班	大修理次数	K值
8001085	手扶式振动碾	机械自身质量（t）	0.6	YZS06B	4	200	7	1400	1	3.93

15.【机械名称】振动压路机

【实物图片】

【机械用途】

振动压路机的碾轮沿被压实材料表面既作往复滚动,又以一定的频率、振幅滚动,使被压层同时受到碾轮的静压力和振动力的综合作用,以提高压实效果。广泛应用于高速公路、机场、路堤填方、海港、堤坝、铁路、矿山等需要各种压实深度及高效率的工程施工。

【定额分类】

振动压路机按机械自身质量分为6t以内、8t以内、10t以内、15t以内、20t以内、25t以内和30t以内。冲击式压路机按机械自身质量只分为25t以内。

【计算参数】

代号	机具名称			残值率(%)	年工作台班	折旧年限	耐用总台班	大修理次数	K值
8001086	振动压路机	机械自身质量(t)	6以内	YZC5	5	200	10	2000	2	3.26
8001087			8以内	YZ8	5	200	10	2000	2	3.26
8001088			10以内	YZJ10B	5	200	10	2000	2	3.26
8001089			15以内	CA25PD	5	200	10	2000	2	3.26
8001090			20以内	YZ18A、YZJ19A	5	200	10	2000	2	3.26
8001091			25以内		5	200	10	2000	2	3.26
8001092			30以内		5	200	10	2000	2	3.26
8001093	冲击式压路机		25以内		5	200	10	2000	2	3.26

16.【机械名称】拖式振动碾

【实物图片】

【机械用途】
拖式振动碾可悬挂于拖拉机或装载机后进行压实工作,其特点是激振力大,适用于路基压实和斜坡基础压实。
【定额分类】
拖式振动碾按机械自身质量只分为15t。

【计算参数】

代　号	机　具　名　称				残值率(%)	年工作台班	折旧年限	耐用总台班	大修理次数	K值
8001094	拖式振动碾（含头）	机械自身质量(t)	15	TZT16(K)	5	200	10	2000	2	3.26

17.【机械名称】蛙式夯土机

【实物图片】

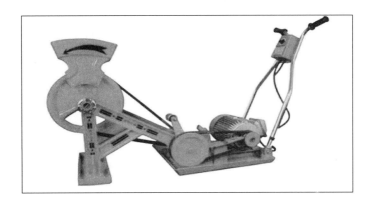

【机械用途】

蛙式夯土机利用旋转惯性力的原理制成,由夯锤、夯架、偏心块、皮带轮和电动机等组成。电动机及传动部分装在橇座上,夯架后端与传动轴铰接,在偏心块离心力作用下,夯架可绕此轴上下摆动。夯架前端装有夯锤,当夯架向下方摆动时就夯击土壤,产生压实效果。蛙式夯土机适用于带状沟槽、基坑、地基的夯实,以及泥土、灰土回填的夯实和室内外场地平整等作业。广泛应用于建筑、市政及水利工程施工。

【定额分类】

蛙式夯土机按夯击功率只分为 200～620N·m。

【计算参数】

代 号	机 具 名 称			残值率(%)	年工作台班	折旧年限	耐用总台班	大修理次数	K 值
8001095	蛙式夯土机	200～620N·m	HW-280	4	120	6	720	1	2.29

18.【机械名称】内燃夯土机

【实物图片】

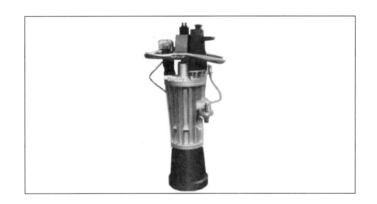

【机械用途】

内燃夯土机广泛应用于公路、市政、道路、铁路工程中的路基边坡压实和维修,还可用于桥梁、水库、堤坝工程的基础压实,以及各种沟槽、室内地面、庭院、墙根等狭窄地的施工。

【定额分类】

内燃夯土机按夯足直径只分为265mm。

【计算参数】

代　号	机 具 名 称			残值率（％）	年工作台班	折旧年限	耐用总台班	大修理次数	K值
8001096	内燃夯土机	夯足直径265mm	HB-120	4	120	6	720	1	2.29

19.【机械名称】强夯机械

【实物图片】

【机械用途】

强夯机械利用重锤高落差产生的高冲击能将碎石、片石、矿渣等性能较好的材料强力挤入地基中,在地基中形成一个一个的粒料墩,墩与墩间土形成复合地基,以提高地基承载力,减小沉降。强夯机械在建设工程和填海工程中广泛应用。在建筑工程中由于需要对松土压实处理,往往使用强夯机械进行处理。

【定额分类】

强夯机械按夯击功分为1200kN·m以内、2000kN·m以内、3000kN·m以内、4000kN·m以内和5000kN·m以内。

【计算参数】

代号	机具名称			残值率(%)	年工作台班	折旧年限	耐用总台班	大修理次数	K值
8001097	强夯机械	夯击功（kN·m）	1200 以内	带10t夯锤头	3	200	10	2000	1	2.31
8001098			2000 以内	带15t夯锤头	3	200	10	2000	1	2.31
8001099			3000 以内	带20t夯锤头	3	200	10	2000	1	2.31
8001100			4000 以内		3	200	10	2000	1	2.31
8001101			5000 以内		3	200	10	2000	1	2.31

20.【机械名称】手持式凿岩机

【实物图片】

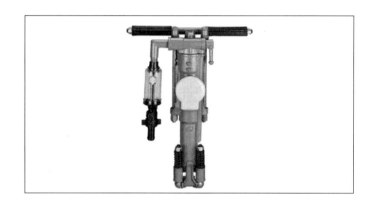

【机械用途】

手持式凿岩机适用于矿山开采和施工作业。应用范围包括建筑拆除作业、地质勘探钻孔和地基工程,以及水泥路面、沥青路面的各种劈裂、破碎、捣实、铲凿和消防救援等,更适用于各种矿山的钻孔、劈裂、爆破、开采。其质量较轻,一般在25kg以下,工作时用手扶着操作。可以打各种小直径和较浅的炮孔,一般只打向下的孔和近于水平的孔。由于手持式凿岩机靠人力操作,劳动强度大,冲击能和扭矩较小。

【定额分类】

手持式凿岩机按操作方式分为风动手持式和电动手持式。

【计算参数】

代 号	机 具 名 称			残值率（%）	年工作台班	折旧年限	耐用总台班	大修理次数	K 值
8001102	手持式凿岩机	风动		5	150	5	750	1	7.34
8001105		电动	YDT30	5	150	5	750	1	7.34

21.【机械名称】气腿式凿岩机

【实物图片】

【机械用途】

气腿式凿岩机适用于中硬或坚硬岩石湿式凿岩，广泛应用于岩巷掘进及各种凿岩作业中钻凿爆破孔，是矿山、铁路、交通、水利建设等石方工程中的重要机具。气腿式凿岩机由一气腿代替人力顶着凿岩机工作,从而大大减轻工人的劳动强度。

【定额分类】

气腿式凿岩机按操作方式分为风动气腿式和内燃式气腿式。

【计算参数】

代 号	机 具 名 称		残值率（%）	年工作台班	折旧年限	耐用总台班	大修理次数	K值
8001103	气腿式凿岩机	风动	5	150	5	750	1	7.32
8001106		内燃式 YN30A	5	150	5	750	1	7.32

22.【机械名称】导轨式凿岩机

【实物图片】

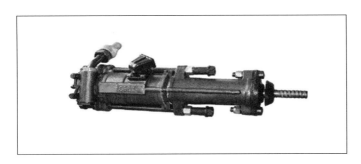

【机械用途】

导轨式凿岩机主要用来钻凿中、深孔。因孔较深,必须接杆凿岩。也就是说凿岩是随着孔的加深,要用螺纹连接套逐根接长钎杆。炮孔凿完后,再逐根使钎杆与连接套分离,将它们从炮孔内取出。为此,转钎机构必须能双向回转,即能带动钎杆正转和反转(装卸钎杆时)。同时,导轨式凿岩机质量都较大,必须装在推进器的导轨上进行凿岩,故称为导轨式凿岩机。

【定额分类】

导轨式凿岩机按操作方式只分为风动导轨式。

【计算参数】

代 号	机 具 名 称			残值率(%)	年工作台班	折旧年限	耐用总台班	大修理次数	K 值
8001104	导轨式凿岩机	风动	YG250	5	150	5	750	1	7.32

23.【机械名称】凿岩台车

【实物图片】

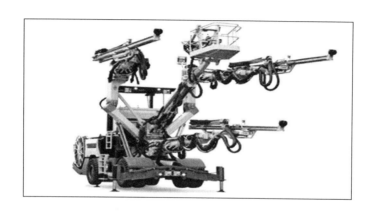

【机械用途】

凿岩台车主要应用于钻爆法的隧道开挖及矿山开采施工。主要由凿岩机、钻臂(凿岩机的承托、定位和推进机构)、钢结构的车架、走行机构和其他必要的附属设备,以及根据工程需要添加的设备所组成。自行式操作,并支持一台或多台凿岩机同时进行钻眼作业。

【定额分类】

凿岩台车按行走方式分为轮胎式凿岩台车和履带液压式凿岩台车。按臂的数量分为二臂、三臂和四臂。

【计算参数】

代　号	机　具　名　称			残值率（%）	年工作台班	折旧年限	耐用总台班	大修理次数	K值
8001107	凿岩台车	二臂	轮胎式 MINBO27PRL	机动+电动（104）	5	240	12	2880	2	2.13
8001108		三臂	轮胎式 H178	机动+电动（160）	5	240	12	2880	2	2.13
8001109			轮胎式		5	240	12	2880	2	2.13
8001110		四臂	履带液压式		5	240	12	2880	2	2.13

24.【机械名称】液压潜孔钻机

【实物图片】

【机械用途】

液压潜孔钻机广泛应用于冶金、矿山、建材、铁路、公路、水电建设、国防施工及土石方等露天工程的爆破孔钻凿及水下钻孔爆破炸礁工程中。在凿岩过程中使冲击器潜入孔内,以减小由于钎杆传递冲击功所造成的能量损失,从而减小孔深对凿岩效率的影响。

【定额分类】

液压潜孔钻机按孔径分为 38～76mm 和 38～115mm。

【计算参数】

代号	机具名称				残值率（%）	年工作台班	折旧年限	耐用总台班	大修理次数	K 值
8001111	潜孔钻机	液压	孔径（mm）	38～76	YYG120 含支架	5	180	10	2160	2	2.13
8001112				38～115	YYG150 含支架	5	180	10	1800	2	2.13

25.【机械名称】履带式潜孔钻车

【实物图片】

【机械用途】
履带式潜孔钻车的用途与液压潜孔钻机相同。

【定额分类】
履带式潜孔钻车按孔径分为100mm以内和150mm以内。

【计算参数】

代 号	机 具 名 称					残值率（%）	年工作台班	折旧年限	耐用总台班	大修理次数	K 值
8001113	潜孔钻车	履带式	孔径（mm）	100 以内	液压 CLQ15	5	180	10	1800	2	2.13
8001114				150 以内	液压 CLQ15A	5	180	10	1800	2	2.13

26.【机械名称】液压锚固钻机

【实物图片】

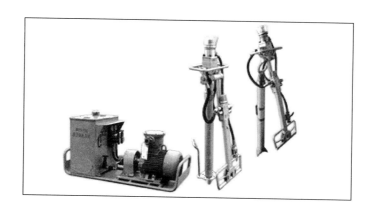

— 44 —

【机械用途】

液压锚固钻机主要应用于水电站、铁路、公路边坡中各类地质灾害防治中的滑坡及危岩体锚固工程,特别适合高边坡岩体锚固工程,还适用于城市深基坑支护、抗浮锚杆及地基灌浆加固工程孔、爆破工程的爆破孔、高压旋喷桩、隧道管棚支护孔等的施工,将其动力头略微变动,即可方便地全方位施工。液压锚固钻机具有良好的性能:结构紧凑,体积小,质量轻,机动灵活,能在高边坡和脚手架上工作;液压动力头的输出扭矩较大,钻进能力强,钻机的使用范围广;动力头的输出转速为无级变速,可根据不同的施工要求和地质情况自主选择钻进参数,以实现最佳钻进效率。

【定额分类】

液压锚固钻机按孔径分为 38~105mm、38~170mm 和 38~200mm。

【计算参数】

代号	机具名称					残值率(%)	年工作台班	折旧年限	耐用总台班	大修理次数	K 值
8001115	锚固钻机	液压	孔径(mm)	38~105	YMG100	5	180	10	1800	2	2.13
8001116				38~170	YMG150A	5	180	10	1800	2	2.13
8001117				38~200	YMD-1	5	180	10	1800	2	2.13

27.【机械名称】风煤钻

【实物图片】

【机械用途】
　　风煤钻是以压风为动力的气动工具。风煤钻在外形结构上吸取了其他煤钻的优点,适合在有瓦斯(甲烷)或煤尘爆炸危险的矿井中使用,是一种高效率、多用途的手持式回转钻机。风煤钻也可在煤和软岩层中作钻眼之用。风煤钻具有结构紧凑、质量轻、使用维护方便等优点。

【计算参数】

代　号	机 具 名 称		残值率（％）	年工作台班	折旧年限	耐用总台班	大修理次数	K 值
8001118	风煤钻	ZQS-30/2.5	5	180	10	1800	2	7.16

28.【机械名称】全液压履带钻机

【实物图片】

【机械用途】
　　全液压履带钻机由主机、液压站、操作台、履带四大部分组成，用超高压液压胶管相互连接，以便主机灵活移动。

【计算参数】

代　号	机　具　名　称		残值率（％）	年工作台班	折旧年限	耐用总台班	大修理次数	K值
8001119	全液压履带钻机	ZYL-1250	5	180	10	1800	2	2.13
8001120		ZYL-3200	5	180	10	1800	2	2.14

29.【机械名称】液压工程地质钻机

【实物图片】

【机械用途】
　　该车专用部分为全液压驱动,充分发挥液压传动实现多机构运动的组合,将静压回转、振动击打加回转、绳索重锤冲击、静力触探等多种功能综合在一台钻机上。广泛用于工业和民用、国防设施,以及公路、铁路、桥梁、水利、电力、煤矿、地矿、石油、海港、市政、物探爆破孔、基岩钻进等。

【计算参数】

代　号	机　具　名　称	残值率（%）	年工作台班	折旧年限	耐用总台班	大修理次数	K 值
8001121	液压工程地质钻机	5	180	10	1800	2	1.09

30.【机械名称】装药台车

【实物图片】

【机械用途】
　　装药台车是地下矿山进行爆破作业时炸药装填工艺的重要设备,通常在高分段、大间距等高效采矿工艺配套中使用。

【基础参数】

代 号	机 具 名 称			残值率（%）	年工作台班	折旧年限	耐用总台班	大修理次数	K值
8001122	装药台车	机动	BCJ-4	5	240	12	2880	2	2.13

31.【机械名称】装岩机

【实物图片】

【机械用途】

装岩机适用于井下掘进及回采有用矿物的场所,用于将矿物装入矿车,也可用于地面装载松散物料。有正装后卸和正装侧卸等形式。装岩机特别适用于易爆炸的场所。

【定额分类】

装岩机按驱动方式分为电动装岩机和汽动装岩机。电动装岩机按斗容量分为 $0.2m^3$ 以内、$0.4m^3$ 以内和 $0.6m^3$ 以内。汽动装岩机按斗容量分为 $0.2m^3$ 以内和 $0.5m^3$ 以内。

【计算参数】

代　号	机　具　名　称				残值率（%）	年工作台班	折旧年限	耐用总台班	大修理次数	K 值
8001123	装岩机	电动	斗容量（m^3）	0.2 以内	5	180	10	1800	2	1.73
8001124				0.4 以内	5	180	10	1800	2	1.73
8001125				0.6 以内	5	180	10	1800	2	1.73
8001126		汽动		0.2 以内	5	180	10	1800	2	1.73
8001127				0.5 以内	5	180	10	1800	2	1.73

32.【机械名称】锻钎机

【实物图片】

【机械用途】
　　锻钎机是可锻制修复中空六角钎杆的设备。在锻钎机上安装相应的模具,可锻制钎杆的领盘、钎锥,还可以连接钎杆,以满足对钎头、钎尾及长度的要求。

【定额分类】
　　锻钎机按驱动方式分为风动锻钎机和液压锻钎机。

【计算参数】

代 号	机 具 名 称			残值率（%）	年工作台班	折旧年限	耐用总台班	大修理次数	K 值
8001128	锻钎机	风动		5	130	8	1040	2	1.99
8001129		液压	421-120	5	130	8	1040	2	1.98

33.【机械名称】电动钻头磨床

【实物图片】

【机械用途】

电动钻头磨床主要用于研磨 3～75mm 大钻头、丝锥、铣刀、倒角刀和一些工件的外圆等。

【计算参数】

代 号	机 具 名 称			残值率(%)	年工作台班	折旧年限	耐用总台班	大修理次数	K 值
8001130	钻头磨床	电动	M691	4	130	7	910	2	2.85

34.【机械名称】电动修钎机

【实物图片】

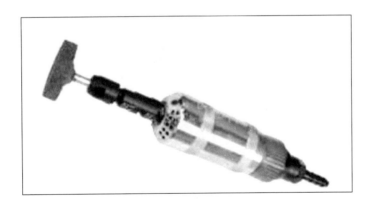

【计算参数】

代 号	机 具 名 称		残值率（％）	年工作台班	折旧年限	耐用总台班	大修理次数	K 值
8001131	修钎机	电动	4	130	7	910	2	1.98

35.【机械名称】机动液压喷播机

【实物图片】

【机械用途】

机动液压喷播机广泛应用于高速公路边坡绿化、高速铁路边坡绿化、矿山复绿、生态恢复、荒漠治理等工程。液压喷播机用途广泛,既可用来喷植稻田、草坪、树木花卉、农作物种子等,还可用来灌溉、施肥、喷洒农药等日常护理及土壤改良工作。

【计算参数】

代　号	机　具　名　称			残值率(%)	年工作台班	折旧年限	耐用总台班	大修理次数	K值
8001132	液压喷播机	机动	CYP-4456	4	160	10	1600	2	1.98

8003　路面工程机械

1.【机械名称】稳定土拌和机

【实物图片】

【机械用途】

稳定土拌和机是一种旋转式加工稳定土材料的拌和设备。其将土壤粉碎与稳定剂(如石灰、水泥、沥青、乳化沥青或其他化学剂等)均匀地拌和,用于修筑道路、机场、城市建筑等设施的基础层拌和施工。稳定土拌和机也可用于土壤拌和及旧路面翻新的破碎作业。

【定额分类】

稳定土拌和机按功率分为 88kW 以内、118kW 以内、135kW 以内、165kW 以内、235kW 以内、260kW 以内和 300kW 以内。

【计算参数】

代 号	机 具 名 称			残值率（%）	年工作台班	折旧年限	耐用总台班	大修理次数	K 值
8003001	稳定土拌和机	功率（kW）	88 以内	WBL-190	4	150	12	1800	2	2.58
8003002	稳定土拌和机	功率（kW）	118 以内	WB210	4	150	12	1800	2	2.58
8003003	稳定土拌和机	功率（kW）	135 以内	WB210	3	150	12	1800	2	2.58
8003004	稳定土拌和机	功率（kW）	165 以内	WB220	3	150	12	1800	2	2.58
8003005	稳定土拌和机	功率（kW）	235 以内	WB230	3	150	12	1800	2	2.58
8003006	稳定土拌和机	功率（kW）	260 以内		3	150	12	1800	2	2.58
8003007	稳定土拌和机	功率（kW）	300 以内		3	150	12	1800	2	2.58

2.【机械名称】稳定土厂拌设备

【实物图片】

【机械用途】

稳定土厂拌设备就是将土、碎石、砾石、水泥、粉煤灰、石灰和水等材料按照施工配合比在固定地点进行均匀搅拌的专用生产设备,其作为当前高速公路修筑中的一种高效能稳定土基层修筑机械,具有材料级配精度高、搅拌均匀性好、节省材料、便于计算机自动控制等优点,能更好地保证稳定土材料的质量,因而广泛应用于公路和城市道路的基层、底基层施工。

【定额分类】

稳定土厂拌设备按生产能力分为 50t/h 以内、100t/h 以内、200t/h 以内、300t/h 以内、400t/h 以内、500t/h 以内和 650t/h 以内。

【计算参数】

代　号	机　具　名　称			残值率（%）	年工作台班	折旧年限	耐用总台班	大修理次数	K 值
8003008	稳定土厂拌设备	生产能力（t/h）	50 以内	WBC-50	4	150	11	1650	2	2.9
8003009	稳定土厂拌设备	生产能力（t/h）	100 以内	WBC-100	4	150	11	1650	2	2.9
8003010	稳定土厂拌设备	生产能力（t/h）	200 以内	WBC-200	4	150	11	1650	2	2.9
8003011	稳定土厂拌设备	生产能力（t/h）	300 以内	WBC-300	3	150	11	1650	2	2.9
8003012	稳定土厂拌设备	生产能力（t/h）	400 以内	WBC-400	3	150	11	1650	2	2.9
8003013	稳定土厂拌设备	生产能力（t/h）	500 以内	WBZ500	3	150	11	1650	2	2.9
8003014	稳定土厂拌设备	生产能力（t/h）	650 以内		3	150	11	1650	2	2.9

3.【机械名称】稳定土摊铺机

【实物图片】

【机械用途】

稳定土摊铺机是修筑高速公路中的一种重要的路面机械,在沥青混凝土路面和水泥混凝土路面施工中广泛用于摊铺各种稳定土材料,如石灰稳定土(二灰料)、水泥稳定土、底基层稳定土,也可用于碾压混凝土材料。稳定土摊铺机用于混合料摊铺,速度快、质量高,且对铺层进行了预压实,既保证了碾压质量,又降低了成本,是道路施工和路面维修必不可少的设备。

【定额分类】

稳定土摊铺机按最大摊铺宽度分为 7.5m、9.5m 和 12.5m。

【计算参数】

代 号	机 具 名 称			残值率（%）	年工作台班	折旧年限	耐用总台班	大修理次数	K值
8003015	稳定土摊铺机	最大摊铺宽度（m）	7.5	WTU75	3	150	11	1650	2	2
8003016			9.5	WTU95	3	150	11	1650	2	2
8003017			12.5	WTU125	3	150	11	1650	2	2

4.【机械名称】沥青乳化机

【实物图片】

【机械用途】
沥青乳化机是将通常高温使用的道路沥青,经过搅拌和化学稳定的方法(乳化),扩散到水中而液化成常温下黏度很低、流动性很好的一种道路建筑材料。乳化沥青可以常温使用,且可以和冷的和潮湿的石料一起使用。当乳化沥青破乳凝固时,还原为连续的沥青并且水分完全排除掉,道路材料的最终强度才能形成。

沥青乳化机主要用于道路的升级与养护(如石屑封层),乳化沥青有多种独特的、其他沥青材料不可替代的应用,如冷拌料、稀浆封层等。乳化沥青也可用于新建道路,如黏层油、透层油等。

【定额分类】
沥青乳化机按生产能力分为 1000L/h 以内、3000L/h 以内和 6000L/h 以内。

【计算参数】

代 号	机 具 名 称				残值率(%)	年工作台班	折旧年限	耐用总台班	大修理次数	K 值
8003018	沥青乳化机	生产能力(L/h)	1000 以内	LR-500	4	150	8	1200	2	2.03
8003019	沥青乳化机	生产能力(L/h)	3000 以内	RH-A	4	150	8	1200	2	2.04
8003020	沥青乳化机	生产能力(L/h)	6000 以内	LRJ-6A	4	150	8	1200	2	2.03

5.【机械名称】沥青乳化设备

【实物图片】

【机械用途】

沥青乳化设备是用来将沥青热融,经过机械剪切的作用,以细小的微滴状态分散于含有乳剂的水溶液之中,形成水包油状沥青乳液的机械装置,其生产特点是在乳化剂的作用下通过机械力将沥青破碎成微小的颗粒,并均匀地分散在水中,形成稳定的乳状液,即乳化沥青。

【定额分类】

沥青乳化设备按生产能力分为6000L/h以内和15000L/h以内。

【计算参数】

代　号	机　具　名　称				残值率（%）	年工作台班	折旧年限	耐用总台班	大修理次数	K 值
8003021	沥青乳化设备	生产能力（L/h）	6000 以内	LRMZ-6 含罐	4	150	9	1350	2	2.03
8003022			15000 以内		4	150	9	1350	2	2.03

6.【机械名称】导热油加热沥青设备

【实物图片】

【机械用途】

导热油加热沥青设备使用导热油作为传热介质,既能提高设备的热效率,又能使加热沥青温度均匀,安全可靠,确保沥青原有性能,同时降低劳动强度,提高生产效率,减少环境污染,达到环保要求。

【定额分类】

导热油加热沥青设备按生产能力分为20~40t/班、40~60t/班、60~80t/班、80~100t/班和100~140t/班。

【计算参数】

代号	机具名称			残值率(%)	年工作台班	折旧年限	耐用总台班	大修理次数	K 值
8003023	导热油加热沥青设备	生产能力(t/班)	20~40	QXG-25	4	180	10	1800	2	2.95
8003024			40~60	QXL-40	4	180	10	1800	2	2.95
8003025			60~80	QXL-60	3	180	10	1800	2	2.95
8003026			80~100	QXL-80	3	180	10	1800	2	2.95
8003027			100~140	QXL-100	3	180	10	1800	2	2.95

7.【机械名称】沥青脱桶设备

【实物图片】

【机械用途】
　　沥青脱桶设备就是将桶装沥青从桶里取出来的机械。沥青脱桶设备在实际应用中作用很大,通过设备的辐射作用实现加热管与沥青桶的换热,从而使沥青脱桶。其结构合理,安装、迁移方便,能够实现沥青桶的连续进出作业,设备性能稳定;使用沥青脱桶设备进行沥青脱桶干净,没有挂壁;能够减轻工人的劳动强度,创造良好的生产环境;热量损失小,节能环保。

【定额分类】
　　沥青脱桶设备按生产能力分为 4t/h 和 6t/h。

【计算参数】

代 号	机 具 名 称			残值率（%）	年工作台班	折旧年限	耐用总台班	大修理次数	K值
8003028	沥青脱桶设备	生产能力（t/h）	4	LT3	4	180	10	1800	2	2.95
8003029			6	LT5	4	180	10	1800	2	2.95

8.【机械名称】石屑撒布机

【实物图片】

【机械用途】

石屑撒布机主要用于在路面洒好沥青的基础上,均匀撒布一层颗粒直径大小一致的石屑,均摊在沥青路面上,也可用于泥结碎石路面的石料撒布。

【计算参数】

代 号	机 具 名 称			残值率(%)	年工作台班	折旧年限	耐用总台班	大修理次数	K值
8003030	石屑撒布机	撒布宽度 1~3m	SA3	4	160	12	1920	2	3.13

9.【机械名称】液态沥青运输车

【实物图片】

【机械用途】
　　液态沥青运输车用于液态沥青的长、中、短途运输,也用于沥青路面的贯入式和沥青表面处治施工中喷结合料,还可用于高级路面中的厂拌黑色碎石路面加铺表面处治层。采用自动点火柴油燃烧器加热、保温。具有沥青自流卸出、泵压卸出、泵吸装罐、原地输送等功能。保温性好,运载量大,适应性强。

【定额分类】
　　液态沥青运输车按储料罐容量分为4000L以内、7000L以内、9000L以内和22000L以内。

【计算参数】

代号	机具名称			残值率(%)	年工作台班	折旧年限	耐用总台班	大修理次数	K值
8003031	液态沥青运输车	容量(L)	4000以内	LYZ-4000	2	150	5	750	2	3.56
8003032			7000以内	YLY-7000	2	200	7	1400	2	3.56
8003033			9000以内	YLY-9000	2	200	7	1400	2	3.56
8003034			22000以内	CZL9350	2	200	8	1600	2	3.56

10.【机械名称】沥青洒布车(机)

【实物图片】

【机械用途】

沥青洒布车(机)是一种沥青路面施工机械,是公路、城市道路、机场和港口码头建设的主要设备。在采用沥青贯入法和沥青层铺表面处置法修筑沥青路面、养护沥青、渣油路面时,沥青洒布车(机)可用来运输与洒布液态沥青(包括热态沥青、乳化沥青和渣油),可向松碎的土壤供给沥青结合料,修建沥青稳定土路面或路面基层,可用于路面的上下封层、透层、沥青表面处治、沥青贯入式路面、雾封层等工程的施工,还可用于液态沥青或其他重质油的运输。

【定额分类】

沥青洒布车(机)按储料罐容量分为 500L 以内、1000L 以内、2000L 以内、4000L 以内、6000L 以内和 8000L 以内。

【计算参数】

代　号	机　具　名　称			残值率(%)	年工作台班	折旧年限	耐用总台班	大修理次数	K值
8003035	沥青洒布车(机)	容量(L)	500 以内	LS-500	4	120	6	720	1	1.71
8003036			1000 以内	LSA-1000A	4	120	6	720	1	1.72
8003037			2000 以内	LS-1700	4	150	6	900	1	1.72
8003038			4000 以内	LS-3500	4	150	6	900	1	1.72
8003039			6000 以内	LS-6000	4	150	6	900	1	1.72
8003040			8000 以内	LS-7500	4	150	6	900	1	1.72

11.【机械名称】黑色粒料拌和机

【实物图片】

【机械用途】

黑色粒料拌和机适用于公路、市政等沥青路面的施工,是沥青路面日常保养维修的理想工具,具有移场轻便灵活的特点。

【定额分类】

黑色粒料拌和机按驱动方式分为电动黑色粒料拌和机和机动黑色粒料拌和机。电动黑色粒料拌和机按生产能力分为15t/h以内和25t/h以内,机动黑色粒料拌和机只分为25t/h以内。

【计算参数】

代 号	机 具 名 称				残值率(%)	年工作台班	折旧年限	耐用总台班	大修理次数	K 值
8003041	黑色粒料拌和机	电动	生产能力(t/h)	15 以内	HB10,HB15	4	120	10	1200	1	2.6
8003042				25 以内	DHHB-25	4	120	10	1200	1	2.6
8003043		机动		25 以内	HHB-25	4	120	10	1200	1	2.6

12.【机械名称】沥青混合料拌和设备

【实物图片】

【机械用途】

沥青混合料拌和设备是生产沥青混凝土的主要设备,其功能是把沥青、砂石、粉料按一定的比例混合在一起,形成混合料,再用摊铺机铺设到在建公路上。

【定额分类】

沥青混合料拌和设备按生产能力分为10t/h以内、15t/h以内、20t/h以内、30t/h以内、60t/h以内、80t/h以内、120t/h以内、160t/h以内、240t/h以内和320t/h以内。

【计算参数】

代 号	机 具 名 称			残值率(%)	年工作台班	折旧年限	耐用总台班	大修理次数	K值
8003044	沥青混合料拌和设备	生产能力(t/h)	10 以内		4	120	10	1200	1	3.05
8003045			15 以内		4	120	10	1200	1	3.05
8003046			20 以内		4	120	10	1200	1	3.05
8003047			30 以内	LB-30	3	120	10	1200	1	3.05
8003048			60 以内	LB800	3	160	10	1600	1	3.05
8003049			80 以内	LB1000	3	160	10	1600	1	3.05
8003050			120 以内	LB1500	3	160	10	1600	1	3.05
8003051			160 以内	LB2000	3	160	10	1600	1	3.05
8003052			240 以内	LB3000	3	160	11	1760	1	3.05
8003053			320 以内	H40000	3	160	11	1760	1	3.05

13.【机械名称】沥青混合料摊铺机

【实物图片】

【机械用途】

沥青混合料摊铺机是沥青路面专用的施工机械,是将拌制好的沥青混合料均匀地摊铺在路面底基层或基层上,构成沥青混合料基层或沥青混合料面层。沥青摊铺机能够准确保证摊铺的厚度、宽度、路面拱度、平整度、密实度,因而广泛应用于公路、城市道路、大型货场、停车场、码头和机场等工程中的沥青混合料摊铺作业,也可用于稳定材料和干硬性水泥混合料的摊铺作业。

【定额分类】

沥青混合料摊铺机按找平方式分为带找平功能的沥青混合料摊铺机和不带找平功能的沥青混合料摊铺机,按最大摊铺宽度分为3.6m以内、4.5m以内、6.0m以内、9.0m以内、12.5m以内和16.5m以内。

【计算参数】

代号	机具名称					残值率(%)	年工作台班	折旧年限	耐用总台班	大修理次数	K值
8003055	沥青混合料摊铺机	不带自动找平	最大摊铺宽度(m)	3.6以内	LTU4	4	150	12	1800	2	2
8003056				4.5以内	LT-6A	4	150	12	1800	2	2
8003057		带自动找平		4.5以内	2LTZ45	3	150	12	1800	2	2
8003058				6.0以内	S1500,S1502	3	150	12	1800	2	2
8003059				9.0以内	S1700	4	120	10	1200	1	2.6
8003060				12.5以内	S2000	3	150	12	1800	2	2
8003061				16.5以内		3	150	12	1800	2	2

14.【机械名称】稀浆封层机

【实物图片】

【机械用途】

稀浆封层机的特点是在常温状态下在路面现场拌和摊铺,因此能大大降低工人的劳动强度,加快施工速度,并节省资源和能源。适用于公路和城市道路部门对路面磨耗进行周期性预防养护,以保持路面的技术性能和延长使用寿命。还可对路面早期病害进行修复,以提高路面的防水能力,提高平整度及抗滑性能等。

【计算参数】

代 号	机 具 名 称				残值率(%)	年工作台班	折旧年限	耐用总台班	大修理次数	K 值
8003062	稀浆封层机	摊铺宽度(m)	2.5~3.5	RF80 47kW	3	150	11	1650	2	3.67

15.【机械名称】双钢轮振动压路机

【实物图片】

【机械用途】
双钢轮振动压路机具有高振幅和高频率的特点,极大提高压实效率,带喷水系统,主要用于沥青路面的压实作业。

【定额分类】
双钢轮振动压路机按机械自身质量分为10t以内、12t以内和15t以内。

【计算参数】

代　号	机　具　名　称				残值率（%）	年工作台班	折旧年限	耐用总台班	大修理次数	K值
8003063	振动压路机	双钢轮	机械自身质量（t）	10以内	YZC-10	5	200	11	2200	2	3.13
8003064				12以内	YZC-12	5	200	11	2200	2	3.13
8003065				15以内	YZC-15	5	200	11	2200	2	3.13

16.【机械名称】轮胎式压路机

【实物图片】

【机械用途】

轮胎式压路机是一种依靠机械自身重力,通过特制的充气轮胎对铺层材料以静力压实作用来增加工作介质密实度的压实机械,被广泛应用于各种材料的基础层、次基础层、填方及沥青面层的压实作业;尤其是在沥青路面压实作业时,其独特的柔性压实功能是其他压实设备无法代替的,是沥青混合料复压的主要机械,也是建设公路、机场、港口、堤坝及工业建筑工地的主要压实设备。

【定额分类】

轮胎式压路机按机械自身质量分为 9~16t、16~20t、20~25t 和 25~30t。

【计算参数】

代号	机具名称			残值率(%)	年工作台班	折旧年限	耐用总台班	大修理次数	K 值
8003066	轮胎式压路机	机械自身质量(t)	9~16	YL16	5	200	11	2200	2	4.06
8003067			16~20	YL20	5	200	11	2200	2	4.06
8003068			20~25	YL27	5	200	11	2200	2	4.06
8003069			25~30		5	200	11	2200	2	4.06

17.【机械名称】热熔标线设备

【实物图片】

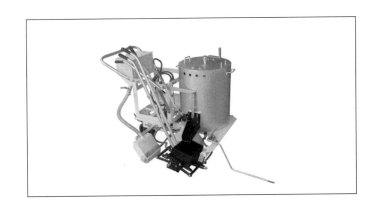

【机械用途】
热熔标线设备是目前我国道路标线设备中应用最广的一种标线设备。此设备施工时间短,耐磨性高,造价低。

【计算参数】

代 号	机具名称	机具名称	残值率(%)	年工作台班	折旧年限	耐用总台班	大修理次数	K值
8003070	热熔标线设备	含热熔釜标线车BJ-130、油涂抹器动力等	4	150	6	900	1	3.56

18.【机械名称】路面划线车

【实物图片】

【机械用途】

路面划线车在公路、城市街道等路面上划出各种交通标线的机械,还可在厂矿道路、机场、公园、广场、体育场等划停车线、分区线等其他标线。

【定额分类】

本定额所列路面划线车为手扶自行式,按功率分为2.2kW以内和5.0kW以内。

【计算参数】

代 号	机 具 名 称					残值率(%)	年工作台班	折旧年限	耐用总台班	大修理次数	K值
8003071	路面划线车	手扶自行式	功率（kW）	2.2以内	SH3	4	120	5	600	1	4.06
8003072				5.0以内	ZH6	4	120	5	600	1	4.07

19.【机械名称】汽车式划线车

【实物图片】

【机械用途】

汽车式划线车划线效率高,适宜于承接划线作业量大的项目,经济效果好,比人工划线有更高的速度,在城区比人工划线更方便。由于没有地面作业人员,不需要特殊交通管制,可以在车流中连续划线,做到交通、划线两不误。

【计算参数】

代　号	机　具　名　称		残值率(%)	年工作台班	折旧年限	耐用总台班	大修理次数	K值
8003073	汽车式划线车	车载式	4	150	6	900	1	3.56

20.【机械名称】标线清除机

【实物图片】

【机械用途】

标线清除机是用来清除残损、龟裂、变色等旧热熔标线的专用设备。使用发动机带动打磨头高速旋转,打磨头在旋转离心力的作用下与路面凸起部分磨合,将旧线清除干净。

【计算参数】

代 号	机 具 名 称	残值率(%)	年工作台班	折旧年限	耐用总台班	大修理次数	K 值
8003074	标线清除机	4	150	6	900	1	3.56

21.【机械名称】凸起振动标线机

【实物图片】

【机械用途】

凸起振动标线机通过设置凸起振动标线,当驾驶员疲劳驾驶或精神不集中时,车轮超过凸起标线所产生的摇晃和振动,发出强大刺耳噪声,使驾驶员及时清醒,从而调整驾驶方向,以避免交通事故发生。

【计算参数】

代 号	机 具 名 称	残值率(%)	年工作台班	折旧年限	耐用总台班	大修理次数	K值
8003075	凸起振动标线机	4	150	6	900	1	3.56

22.【机械名称】水泥混凝土摊铺机

【实物图片】

【机械用途】

水泥混凝土摊铺机是将拌制好的水泥混凝土沿路基按给定的厚度、宽度及路型要求进行摊铺,然后经过振实、整平和抹光等作业程序,完成铺筑混凝土路面的施工机械。

【定额分类】

水泥混凝土摊铺机按摊铺方式不同分为滑模式水泥混凝土摊铺机(摊铺宽度 3.0~9.0m)和轨道式水泥混凝土摊铺机(摊铺宽度 2.5~4.5m)。

【计算参数】

代 号	机 具 名 称				残值率(%)	年工作台班	折旧年限	耐用总台班	大修理次数	K 值
8003076	水泥混凝土摊铺机	滑模式	摊铺宽度(m)	3.0~9.0	SF30	3	150	11	1650	1	2.03
8003077		轨道式		2.5~4.5	HTG4500 含模轨 400m	3	150	11	1650	1	3.05

23.【机械名称】排式振捣机

【实物图片】

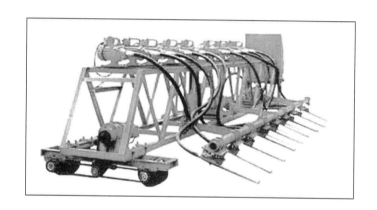

【机械用途】
排式振捣机广泛用于各类公路、市政道路、广场、机场跑道等混凝土工程施工中,通过深层振捣以提高密实度。

【计算参数】

代 号	机 具 名 称		残值率（%）	年工作台班	折旧年限	耐用总台班	大修理次数	K 值
8003078	排式振捣机	ZD500	4	120	5	600	1	3.56

24.【机械名称】混凝土真空吸水机组

【实物图片】

【机械用途】
　　混凝土真空吸水工艺是加快施工进度的一种先进工艺,它是在浇灌、振捣、刮干后的混凝土表面铺上吸垫,启动真空泵,从混凝土中吸出水分,以降低混凝土的水灰比,从而加快施工进度,增加混凝土密实度,提高混凝土强度。

【计算参数】

代号	机具名称			残值率(%)	年工作台班	折旧年限	耐用总台班	大修理次数	K值
8003079	混凝土真空吸水机组	电动	含吸垫 5m×5m	4	120	6	720	1	3.05

25.【机械名称】混凝土整平机

【实物图片】

【机械用途】
混凝土整平机用于混凝土地面的提浆、压实、整平,是修建公路、车间、广场的新型设备。

【计算参数】

代 号	机 具 名 称			残值率(%)	年工作台班	折旧年限	耐用总台班	大修理次数	K值
8003080	混凝土整平机	电动	TZ219A	4	120	5	600	1	2.49

26.【机械名称】混凝土抹光机

【实物图片】

【机械用途】

混凝土抹光机是一种混凝土表面粗、精抹光机具。经过机器施工的表面较人工施工的表面更光滑、更平整,能极大提高混凝土表面的密实性及耐磨性,并在功效上较人工作业提高工作效率10倍以上。地面抹光机可广泛用于高标准厂房、仓库、停车场、广场、机场以及框架式楼房的混凝土表面提浆、抹平、抹光。

【定额分类】

混凝土抹光机按驱动方式分为电动混凝土抹光机和机动混凝土抹光机。

【计算参数】

代 号	机 具 名 称			残值率（%）	年工作台班	折旧年限	耐用总台班	大修理次数	K值
8003081	混凝土抹光机	电动	JM90	4	120	5	600	1	2.49
8003082		机动	QJM90	4	120	5	600	1	2.49

27.【机械名称】混凝土刻纹机

【实物图片】

【机械用途】

混凝土刻纹机广泛应用于高速公路、机场、市政广场、城市道路的混凝土路面防滑纹的切割。

【定额分类】

混凝土刻纹机按驱动方式分为电动混凝土刻纹机和机动混凝土刻纹机。

【计算参数】

代　号	机　具　名　称			残值率（%）	年工作台班	折旧年限	耐用总台班	大修理次数	K 值
8003083	混凝土刻纹机	电动	RQF180	4	120	6	720	1	12.2
8003084		机动	RQF280	4	120	6	720	1	12.19

28.【机械名称】混凝土切缝机

【实物图片】

【机械用途】

混凝土切缝机以切割混凝土路面的伸缩缝为主要用途,同时对各种规格的混凝土制品和大理石、花岗石的制品进行切断、开槽,是混凝土筑路工程中必备的施工机械。

【定额分类】

混凝土切缝机按驱动方式分为电动混凝土切缝机和机动混凝土切缝机。

【计算参数】

代号	机具名称			残值率(%)	年工作台班	折旧年限	耐用总台班	大修理次数	K 值
8003085	混凝土切缝机（含锯片摊销费用）	电动	SLF	4	120	5	600	1	37.57
8003086		风冷汽油机	SLF	4	120	5	600	1	28.86

29.【机械名称】高压清洗机

【实物图片】

【机械用途】
高压清洗机是通过动力装置使高压柱塞泵产生高压水来冲洗物体表面的机器。它能将污垢剥离、冲走,达到清洗物体表面的目的。一般用于路面下承层的冲洗。

【计算参数】

代　号	机　具　名　称		残值率(%)	年工作台班	折旧年限	耐用总台班	大修理次数	K值
8003087	高压清洗机	机动	4	120	5	600	1	2.48

30.【机械名称】路缘石开沟机

【实物图片】

【机械用途】

路缘石开沟机主要适用于高速公路、一级公路铺筑路缘石、路边石施工、开挖路缘沟槽,以及老路加宽铣刨台阶等。

【计算参数】

代 号	机 具 名 称			残值率(%)	年工作台班	折旧年限	耐用总台班	大修理次数	K值
8003088	路缘石开沟机	机动	LK-180	4	120	5	600	1	2.48

31.【机械名称】沥青路缘石铺筑机

【实物图片】

【机械用途】

沥青路缘石铺筑机用于路缘石的就地生产铺筑。与传统模式相比,沥青路缘石铺筑机既省去了租用预制场地费用和大量的前期准备工作,又具有速度快、造价低、强度高、线形流畅、适用性强的优点。

【计算参数】

代 号	机 具 名 称			残值率(%)	年工作台班	折旧年限	耐用总台班	大修理次数	K 值
8003089	沥青路缘石铺筑机	机动	LCI(2~3m/min)	4	120	7	840	1	3.05

32.【机械名称】混凝土路缘石铺筑机

【实物图片】

【机械用途】

混凝土路缘石铺筑机用于路缘石的就地生产铺筑。与传统模式相比,混凝土路缘石铺筑机既省去了租用预制场地费用和大量的前期准备工作,又具有速度快、造价低、强度高、线形流畅、适用性强的优点。

【计算参数】

代 号	机 具 名 称		残值率(%)	年工作台班	折旧年限	耐用总台班	大修理次数	K 值
8003090	混凝土路缘石铺筑机	机动	4	120	7	840	1	3.05

33.【机械名称】沥青灌缝机

【实物图片】

【机械用途】

沥青灌缝机作为路面养护维修的必备设备之一,主要用于出现裂纹的早期破损路面,使用改性液态沥青等对裂缝进行及时填充,以防止雨水侵蚀而使裂缝进一步扩大,极大延长公路的使用寿命。该设备不但能将一定量的固态沥青迅速熔化,而且能将液态沥青保存足够长时间,用于远距离转场或其他路面修补等。

【计算参数】

代 号	机 具 名 称			残值率(%)	年工作台班	折旧年限	耐用总台班	大修理次数	K值
8003091	沥青灌缝机	燃气加热	TLG-1	4	120	7	840	1	3.05

34.【机械名称】路面铣刨机

【实物图片】

【机械用途】

路面铣刨机用于公路、城镇道路、机场、货场、停车场等沥青混凝土面层的开挖翻修,可高效地清除路面的拥包、波浪,也可开挖路面坑槽及沟槽,还可用于水泥混凝土路面拉毛及面层错台的铣平。

【定额分类】

路面铣刨机按铣刨宽度分为500mm以内、1000mm以内和2000mm以内。

【计算参数】

代 号	机 具 名 称			残值率（%）	年工作台班	折旧年限	耐用总台班	大修理次数	K 值
8003092	路面铣刨机	铣刨宽度（mm）	500 以内 LXZY500	4	150	10	1500	2	3.13
8003093			1000 以内 RG100	3	150	10	1500	2	3.13
8003094			2000 以内 LX200	3	150	10	1500	2	3.13

35.【机械名称】同步碎石封层车

【实物图片】

【机械用途】

同步碎石封层车将沥青结合料的喷洒和骨料的撒布同时进行,使沥青结合料与骨料之间有最充分的接触,以达到它们之间最大限度的黏结度。该设备适用于公路路面的下封层、上封层施工,新旧路面加铺磨耗层施工,沥青路面的层铺法施工,沥青碎石特殊情况下的分别洒(撒)布等。

【计算参数】

代　号	机 具 名 称	残值率（%）	年工作台班	折旧年限	耐用总台班	大修理次数	K 值
8003095	同步碎石封层车	5	180	10	1800	2	4.57

36.【机械名称】水泥稀浆车

【实物图片】

【机械用途】

水泥稀浆车包括:底盘,作为载具;水箱,设于所述底盘上,用于盛装水;水泥仓,设于所述底盘上,用于盛装水泥;搅拌装置,设于所述底盘上,用于对计量好的水及水泥进行搅拌;输送计量装置,连接所述水箱、水泥仓到所述搅拌装置,计量并把计量好的水及水泥送入所述搅拌装置;接口管路,匹配相应的冷再生机组。该设备通过形成水泥稀浆的方式取代人工撒布水泥干粉,不会产生飞尘污染,并能精确控制水泥和水的配比。

【计算参数】

代号	机具名称	残值率(%)	年工作台班	折旧年限	耐用总台班	大修理次数	K值
8003096	水泥稀浆车	3	180	10	1800	2	3.02

37.【机械名称】冷再生机

【实物图片】

【机械用途】

冷再生机是一种高效率、多用途的施工机械。主要用于沥青混凝土路面的铣刨以及添加沥青、水等材料后的旧沥青路面的再生。也可用于公路、城乡道路、机场、码头、停车场等工程的基层、底基层稳定土现场就地拌和作业。

【定额分类】

冷再生机分为泡沫沥青就地冷再生机、泡沫沥青厂拌冷再生设备和450kW冷再生机。

【计算参数】

代 号	机 具 名 称	残值率（%）	年工作台班	折旧年限	耐用总台班	大修理次数	K 值
8003097	泡沫沥青就地冷再生机	5	180	10	1800	2	2.95
8003098	泡沫沥青厂拌冷再生设备	5	180	10	1800	2	2.95
8003100	450kW 冷再生机	5	180	10	1800	2	3.56

38.【机械名称】破路机

【实物图片】

【机械用途】

破路机将旧路面彻底打碎,直接作为基层或底基层,不必把破损后的路面板搬走,既节约路基材料及运输成本,又达到环保和节能降耗的目的。破碎后的路面粒径自上而下逐渐增大,上部小颗粒经压实后形成平整表面易于摊铺,下部大颗粒之间形成嵌挤结构,强度更大,是旧路面翻修改造的理想方法。

【计算参数】

代 号	机 具 名 称			残值率（%）	年工作台班	折旧年限	耐用总台班	大修理次数	K值
8003101	破路机	机动	LPR300	4	120	5	600	1	2.74

39.【机械名称】路面清扫机

【实物图片】

【机械用途】

路面清扫机主要适用于高速公路、市政建设和路桥建设过程中路基表面的清扫工作。

【计算参数】

代　号	机　具　名　称			残值率（％）	年工作台班	折旧年限	耐用总台班	大修理次数	K 值
8003102	路面清扫机	机动	YD80Q－1	4	150	8	1200	1	4.78

40.【机械名称】路面清扫车

【实物图片】

【机械用途】

路面清扫车是集路面清扫、垃圾回收和运输为一体的新型高效清扫设备。这种全新的车型可一次完成地面清扫、马路道牙边清扫、马路道牙清洗及清扫后对地面的洒水等工作,适用于各种气候和不同干燥路面的清扫作业。

【计算参数】

代 号	机 具 名 称		残值率(%)	年工作台班	折旧年限	耐用总台班	大修理次数	K值
8003103	路面清扫车	东风底盘	4	150	8	1200	1	4.78

41.【机械名称】多功能除雪车

【实物图片】

【机械用途】

多功能除雪车作为冬季除雪的重要设备,有着高效、经济、环保等优势,主要用于城市街道、公路、巷道、庭院等需要清除冰雪的场合。

【计算参数】

代 号	机 具 名 称		残值率(%)	年工作台班	折旧年限	耐用总台班	大修理次数	K值
8003104	多功能除雪车	机动	10t以内	4	120	8	960	2	4.78

42.【机械名称】道路养护车

【实物图片】

【机械用途】

道路养护车是针对道路养护维修作业需求专门研发的专用车辆,能将坑槽挖补出的废旧料沥青无须粉碎,就地热再生。其产量大、效率高、施工成本低、节能环保,又称公路养护车。

【计算参数】

代 号	机 具 名 称		残值率(%)	年工作台班	折旧年限	耐用总台班	大修理次数	K 值
8003105	道路养护车	CZL5061TYH	4	150	10	1500	2	3.25

8005　混凝土及灰浆机械

1.【机械名称】强制式混凝土搅拌机

【实物图片】

【机械用途】
　　强制式混凝土搅拌机适用于各类大、中、小型预制构件厂及公路、桥梁、水利、码头等工业及民用建筑工程。主要由拌筒、加料和卸料机构、供水系统、原动机、传动机构、机架和支承装置等组成。

【定额分类】

强制式混凝土搅拌机按出料容量分为 150L 以内、250L 以内、350L 以内、500L 以内、750L 以内、1000L 以内、1500L 以内和 2000L 以内。

【计算参数】

代号	机具名称			残值率（%）	年工作台班	折旧年限	耐用总台班	大修理次数	K 值
8005001	强制式混凝土搅拌机	出料容量（L）	150 以内	JD150	4	180	8	1440	1	2.9
8005002			250 以内	JD250	4	180	8	1440	1	2.9
8005003			350 以内	JD350	4	180	8	1440	1	2.89
8005004			500 以内	JW500,JS500	4	180	8	1440	1	2.89
8005005			750 以内	JS750	4	180	8	1440	1	2.9
8005006			1000 以内	JW1000,JS1000	4	180	8	1440	1	2.59
8005007			1500 以内	JS1500	4	180	8	1440	1	2.59
8005008			2000 以内	JS2000	4	180	8	1440	1	2.59

2.【机械名称】灰浆搅拌机

【实物图片】

【机械用途】
　　灰浆搅拌机用于建筑冶金、铁路桥梁、公路预应力等工程施工和维修,由搅拌筒、搅拌轴、传动装置、底架等组成。

【定额分类】
　　灰浆搅拌机按容量分为200L以内和400L以内。

【计算参数】

代 号	机 具 名 称				残值率（%）	年工作台班	折旧年限	耐用总台班	大修理次数	K值
8005009	灰浆搅拌机	容量（L）	200以内	UJ200	4	150	8	1200	1	4.05
8005010			400以内	UJ325	4	150	8	1200	1	4.06

3.【机械名称】混凝土喷射机

【实物图片】

【机械用途】

混凝土喷射机广泛应用于地下工程、水电工程、井巷、隧道、涵洞等喷射混凝土施工作业。

【定额分类】

混凝土喷射机分为一般混凝土喷射机和防爆型混凝土喷射机。

【计算参数】

代　号	机　具　名　称			残值率（%）	年工作台班	折旧年限	耐用总台班	大修理次数	K 值
8005011	混凝土喷射机	生产率 4~6m³/h	HPH6	4	120	5	600	1	1.53
8005012	防爆型混凝土喷射机		HPH6	3	150	10	1500	1	4.14

4.【机械名称】灰浆输送泵

【实物图片】

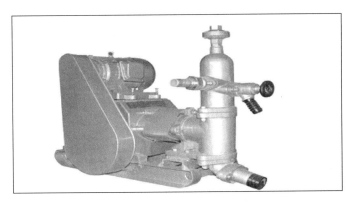

【机械用途】

灰浆输送泵是沿管道连续压送灰浆的机械。建筑施工中用于垂直和水平输送灰浆,墙面和顶棚的喷涂抹灰,以及压力灌浆等作业。灰浆输送泵按结构形式分为柱塞式、隔膜式、气动式、挤压式和螺杆式。

【定额分类】

灰浆输送泵按输送效率分为输送量 $3m^3/h$ 以内、$4m^3/h$ 以内和 $5m^3/h$ 以内。

【计算参数】

代号	机具名称			残值率(%)	年工作台班	折旧年限	耐用总台班	大修理次数	K 值
8005013	灰浆输送泵	输送量(m^3/h)	3 以内	UB3	4	150	6	900	1	5.63
8005014			4 以内	UB4	4	150	6	900	1	5.63
8005015			5 以内	UB5	4	150	6	900	1	5.62

5.【机械名称】灰气联合泵

【实物图片】

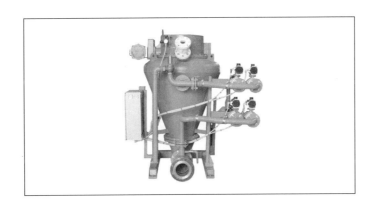

【机械用途】
灰气联合泵适用于粉煤灰、水泥、矿砂、型砂等散装物料的输送。

【计算参数】

代 号	机 具 名 称			残值率(%)	年工作台班	折旧年限	耐用总台班	大修理次数	K值
8005016	灰气联合泵	出灰量4m³/h 以内	UB76-1	4	150	6	900	1	5.63

6.【机械名称】水泥喷枪

【实物图片】

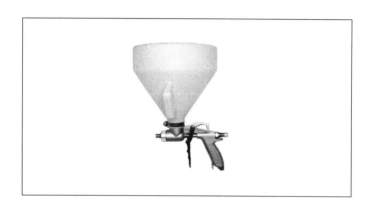

【机械用途】
水泥喷枪是用于喷射水泥的装置。

【计算参数】

代 号	机 具 名 称			残值率（%）	年工作台班	折旧年限	耐用总台班	大修理次数	K 值
8005017	水泥喷枪	生产率 $0.5 \sim 0.8 m^3/h$	HP1-0.8	4	120	5	600	1	6.61

7.【机械名称】风动灌浆机

【实物图片】

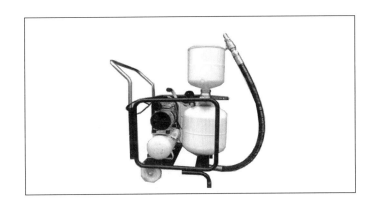

【机械用途】
  风动灌浆机主要用于煤矿、铁矿等井壁防水、加固注浆工程,以及地铁、隧道、水利、建筑等注浆堵水及破碎岩层的注浆固结工程。该设备使用压缩空气作为动力,具有体积小、质量轻、易于移动搬运的特点,适用于移动频繁的多点注浆。由于采用气压传动,使泵的注浆性能非常适合于注浆压力低时需要大流量,而注浆压力升高时需要小流量的工况。

【计算参数】

代　号	机　具　名　称		残值率（%）	年工作台班	折旧年限	耐用总台班	大修理次数	K值
8005018	灌浆机	风动	4	180	6	1080	1	3.04

8.【机械名称】电动灌浆机

【实物图片】

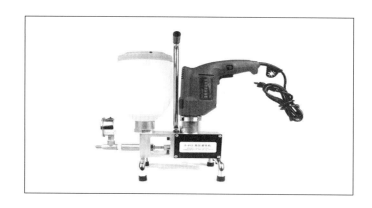

【机械用途】
电动灌浆机适用于各种建筑物与地下混凝土工程的裂缝、伸缩缝、施工缝、结构缝的堵漏密封；地质钻探工程

的钻井护壁堵漏加固;地铁、隧道、涵洞、污水处理池、混凝土裂缝渗漏水,带水堵漏;地下室、地下车库、地下通道、混凝土裂缝渗漏水,带水堵漏;屋面混凝土板裂缝、穿墙管、墙角、渗漏水,带水堵漏;混凝土构筑物、梁、柱、板结构裂缝,补强加固。

【基础参数】

代 号	机 具 名 称		残值率(%)	年工作台班	折旧年限	耐用总台班	大修理次数	K 值
8005019	灌浆机	电动	4	180	6	1080	1	3.05

9.【机械名称】双液注浆泵

【实物图片】

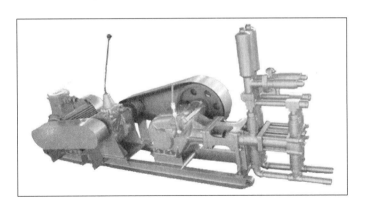

【机械用途】

双液注浆泵主要适用于矿井、地铁、水利建筑等注浆堵水及破碎岩层固结工程,也可用于与井深相适应的工作面预注浆。双液注浆泵可用于单液注浆,也可用于双液注浆,还可用于输送其他黏度或腐蚀性不大的浆液和清水。广泛应用于高速公路、高铁等隧道施工、地铁施工、水电工程施工、城市建设中的基坑施工等需要双液比例注浆的施工现场。

【计算参数】

代 号	机 具 名 称				残值率（%）	年工作台班	折旧年限	耐用总台班	大修理次数	K 值
8005020	注浆泵	双液	电动	PH2×5	4	150	6	900	1	3.05

10.【机械名称】单液注浆泵

【实物图片】

【机械用途】
单液注浆泵适用于矿井、隧道、水利、地铁、建筑、桥梁等施工地点的注浆堵水、填充空隙、加固破碎岩层等工程。

【计算参数】

代 号	机 具 名 称				残值率(%)	年工作台班	折旧年限	耐用总台班	大修理次数	K值
8005021	注浆泵	单液	电动	HYB50/50-1	4	150	6	900	1	3.05

11.【机械名称】散装水泥车

【实物图片】

【机械用途】

散装水泥车适用于粉煤灰、水泥、石灰粉、矿石粉、颗粒碱等颗粒直径不大于0.1mm粉粒干燥物料的散装运输。主要供水泥厂、水泥仓库和大型建筑工地使用,可节约大量包装材料和装卸劳动。散装水泥车由专用汽车底盘、散装水泥车罐体、气管路系统、自动卸货装置等部分组成。

【定额分类】

散装水泥车按装载质量分为5t以内、8t以内、10t以内、15t以内、20t以内和26t以内。

【计算参数】

代 号	机 具 名 称			残值率(%)	年工作台班	折旧年限	耐用总台班	大修理次数	K 值
8005022	散装水泥车	装载质量（t）	5 以内	EQ140	2	200	6	1200	2	3.05
8005023			8 以内	JN150	2	200	8	1600	2	3.05
8005024			10 以内	JN161	2	200	8	1600	2	3.05
8005025			15 以内	T815	2	200	8	1600	2	3.05
8005026			20 以内		2	200	8	1600	2	3.05
8005027			26 以内		2	200	8	1600	2	3.05

12.【机械名称】混凝土搅拌运输车

【实物图片】

【机械用途】
混凝土搅拌运输车是用来运送建筑用预拌混凝土的专用汽车。由汽车底盘和混凝土搅拌运输专用装置组成。其专用机构主要包括取力器、搅拌筒前后支架、减速机、液压系统、搅拌筒、操纵机构、清洗系统等。

【定额分类】
混凝土搅拌运输车按容量分为 $3m^3$ 以内、$4m^3$ 以内、$5m^3$ 以内、$6m^3$ 以内、$8m^3$ 以内、$9m^3$ 以内、$10m^3$ 以内、$12m^3$ 以内和 $14m^3$ 以内。

【计算参数】

代 号	机 具 名 称				残值率（%）	年工作台班	折旧年限	耐用总台班	大修理次数	K 值
8005028	混凝土搅拌运输车	容量（m³）	3 以内	JCQ3	2	200	6	1200	2	3.25
8005029			4 以内		2	200	6	1200	2	3.25
8005030			5 以内	SP2440	2	200	6	1200	2	3.25
8005031			6 以内	MR45	2	200	6	1200	2	3.25
8005032			8 以内		2	200	6	1200	2	3.25
8005033			9 以内		2	200	6	1200	2	3.25
8005034			10 以内		2	200	6	1200	2	3.25
8005035			12 以内		2	200	6	1200	2	3.25
8005036			14 以内		2	200	6	1200	2	3.25
8005037	防爆型混凝土搅拌运输车		3 以内	JCQ3	2	200	7	1400	2	3.56
8005038			6 以内	MR45	2	200	7	1400	2	3.56

13.【机械名称】混凝土输送泵车

【实物图片】

【机械用途】

混凝土输送泵车适用于地基打桩等大集料混凝土的输送,特别适用于矿洞、公路隧道、铁路隧道等各种洞内施工;水利水电工程;地质灾害边坡治理;基础灌溉;农村小型民用建筑;乡镇及新农村建设等混凝土浇筑量大或空间狭窄等施工场所。

混凝土输送泵车由泵体和输送管组成,按结构形式分为活塞式、挤压式和水压隔膜式。泵体装在汽车底盘上,再装备可伸缩或屈折的布料杆,就组成泵车。

【定额分类】

混凝土输送泵车按排量分为 $60m^3/h$ 以内、$75m^3/h$ 以内、$90m^3/h$ 以内、$100m^3/h$ 以内、$120m^3/h$ 以内、$140m^3/h$ 以内、$150m^3/h$ 以内和 $170m^3/h$ 以内。

【计算参数】

代号	机具名称				残值率（%）	年工作台班	折旧年限	耐用总台班	大修理次数	K 值
8005039	混凝土输送泵车	排量（m^3/h）	60 以内	BPL58-18	2	200	7	1400	2	4.19
8005040			75 以内		2	200	7	1400	2	4.19
8005041			90 以内	IPF-85B	2	200	7	1400	2	3.02
8005042			100 以内		2	200	7	1400	2	3.02
8005043			120 以内		2	200	7	1400	2	3.02
8005044			140 以内		2	200	7	1400	2	3.56
8005045			150 以内		2	200	7	1400	2	3.56
8005046			170 以内		2	200	7	1400	2	3.56

14.【机械名称】混凝土输送泵

【实物图片】

【机械用途】

混凝土输送泵由泵体和输送管组成,是一种利用压力将混凝土沿管道连续输送的机械,主要应用于房建、桥梁及隧道施工。

【定额分类】

混凝土输送泵按排量分为 $10m^3/h$ 以内、$20m^3/h$ 以内、$30m^3/h$ 以内、$45m^3/h$ 以内、$60m^3/h$ 以内和 $80m^3/h$ 以内。

【计算参数】

代　号	机　具　名　称			残值率(%)	年工作台班	折旧年限	耐用总台班	大修理次数	K 值
8005047	混凝土输送泵	排量(m³/h)	10 以内 HB10	4	180	5	900	2	2.24
8005048			20 以内 HBT20	4	180	5	900	2	2.24
8005049			30 以内 HBT30	4	180	5	900	2	2.27
8005050			45 以内 BSA1405A	3	180	5	900	2	1.41
8005051			60 以内 BSA1406,HBT60	3	180	5	900	2	1.41
8005052			80 以内 BSA1406,HBT60	3	180	5	900	2	1.41

15.【机械名称】混凝土振动台

【实物图片】

【机械用途】
混凝土振动台适用于试验室,现场作试件成型、预制构件振实,以及各种板柱、梁等混凝土构件振实成型。主要由台底架、振动器弹簧等部件组成,台面与底架均用钢板和型钢焊接而成,振动台用电动机加一对相同的偏心轮组成,并通过一对吊架联轴器安装在台面(反面)中心位置,起着振实过程中平稳、垂直方向的作用。

【定额分类】
混凝土振动台按振动平台面积分为 1m×2m、1.5m×6m 和 2.4m×6.2m。

【计算参数】

代 号	机 具 名 称			残值率(%)	年工作台班	折旧年限	耐用总台班	大修理次数	K值
8005053	混凝土振动台	台面尺寸 长×宽 （m×m）	1×2	HZT1×2	4	130	6	780	2	3.05
8005054	混凝土振动台	台面尺寸 长×宽 （m×m）	1.5×6.0		4	130	6	780	2	3.05
8005055	混凝土振动台	台面尺寸 长×宽 （m×m）	2.4×6.2		4	130	6	780	2	3.05

16.【机械名称】水泥混凝土搅拌站

【实物图片】

【机械用途】

混凝土搅拌站广泛应用于大中型建筑施工、道路桥梁工程及生产混凝土制品的预制厂中，常用于混凝土工程量大、工期长、工地集中的大中型水利、电力、路面、桥梁等工程。主要由搅拌主机、物料称量系统、物料输送系统、物料储存系统、控制系统和其他附属设施组成。

【定额分类】

混凝土搅拌站按生产能力划分为 $15m^3/h$ 以内、$25m^3/h$ 以内、$40m^3/h$ 以内、$50m^3/h$ 以内、$60m^3/h$ 以内、$90m^3/h$ 以内、$120m^3/h$ 以内、$150m^3/h$ 以内和 $180m^3/h$ 以内。

【计算参数】

代号			机具名称		残值率(%)	年工作台班	折旧年限	耐用总台班	大修理次数	K值
8005056	水泥混凝土搅拌站	生产能力（m^3/h）	15 以内	HZ15	4	180	8	1440	2	2.7
8005057			25 以内	HZQ25 含水泥输送器水泥仓各2套	4	180	8	1440	2	2.7
8005058			40 以内	HZS40 含水泥输送器水泥仓各2套	3	180	8	1440	2	2.7
8005059			50 以内	HZS50	3	180	8	1440	2	2.7
8005060			60 以内	HZS60	3	180	8	1440	2	2.7
8005061			90 以内	HZS90	3	180	8	1440	2	2.7
8005062			120 以内	HZS120	3	180	8	1440	2	2.7
8005063			150 以内		3	180	8	1440	2	2.7
8005064			180 以内		3	180	8	1440	2	2.7

17.【机械名称】混凝土布料机

【实物图片】

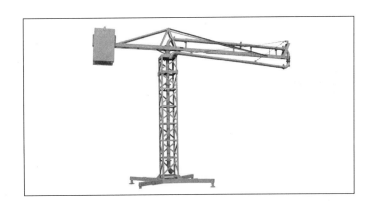

【机械用途】
混凝土布料机是泵送混凝土的末端设备,其作用是将泵压来的混凝土通过管道送到要浇筑构件的模板内。

【定额分类】
混凝土布料机按布料半径分为15m以内、20m以内和30m以内。

【计算参数】

代　号	机　具　名　称			残值率（％）	年工作台班	折旧年限	耐用总台班	大修理次数	K值
8005065	混凝土布料机	布料半径（m）	15 以内　HGY13	4	180	8	1440	2	2.63
8005066			20 以内　HGY17	4	180	8	1440	2	2.63
8005067			30 以内　HGY28	3	180	8	1440	2	2.63

18.【机械名称】插入式混凝土振捣器

【实物图片】

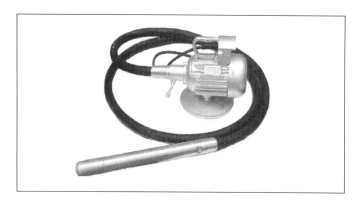

【机械用途】

插入式混凝土振捣器多用于振压厚度较大的混凝土层,如桥墩、桥台基础以及基桩、混凝土路面等。

【计算参数】

代号	机具名称			残值率(%)	年工作台班	折旧年限	耐用总台班	大修理次数	K 值
8005068	混凝土振捣器	插入式	ZX-70	4	180	4	720	2	5.52

19.【机械名称】附着式混凝土振捣器

【实物图片】

【机械用途】

附着式混凝土振捣器可用于建筑工程中混凝土的密实,还可用于除尘振打、化工厂、矿山工程。机械配套作为振源,如振动筛、振动台等,并可装于各种振动设备上作为发生振动的机械。多用于薄壳构件、空心板梁、拱肋、T形梁等施工。

【计算参数】

代 号	机 具 名 称			残值率(%)	年工作台班	折旧年限	耐用总台班	大修理次数	K 值
8005069	混凝土振捣器	附着式	ZW5,ZW7	4	160	5	800	2	5.67

20.【机械名称】液压滑升机械

【实物图片】

【机械用途】
　　液压滑升机械用于混凝土结构硬化之后,钢模板并不拆散,而是在液压油缸的推动下,整体慢慢移动,滑到下一个工作区域,再次浇筑混凝土。适合建造外形规整,没有突起和凹陷的光滑连续表面的构筑物,如烟筒、水塔、桥梁等。

【计算参数】

代　号	机 具 名 称			残值率(%)	年工作台班	折旧年限	耐用总台班	大修理次数	K值
8005070	液压滑升机械	含50个千斤顶	YKT36,GYD-35	4	130	8	1040	2	3.47

21.【机械名称】连续梁桥顶推设备

【实物图片】

【机械用途】

连续梁桥顶推设备是一种起重位移的专用工具,可对铁路、公路桥梁或类似梁式构件的多支点位移进行控制,进行横向纠偏、纵向推进,将梁体顶推安装到位。

【定额分类】

连续梁桥顶推设备按顶推力分为40t以内和60t以内。

【计算参数】

代 号	机 具 名 称			残值率（%）	年工作台班	折旧年限	耐用总台班	大修理次数	K 值
8005071	连续梁桥顶推设备	顶推力（kN）	400 以内	HNW-40	4	130	8	1040	2	3.46
8005072			600 以内	TL1-60	4	130	8	1040	2	3.47

22.【机械名称】预应力拉伸机

【实物图片】

【机械用途】

预应力拉伸机是用于张拉钢绞线等预应力筋的专用千斤顶。需和高压油泵配合使用,张拉和回顶的动力均由高压油泵的高压油提供。预应力拉伸机结构紧凑,张拉时工作平稳,油压高,张拉力大,广泛应用于公路桥梁、铁路桥梁、水电坝体、高层建筑等预应力施工工程。

【定额分类】

预应力拉伸机按拉伸力分为650kN以内、900kN以内、1200kN以内、3000kN以内和5000kN以内。

【计算参数】

代号	机 具 名 称			残值率(%)	年工作台班	折旧年限	耐用总台班	大修理次数	K 值
8005073	预应力拉伸机	拉伸力(kN)	650 以内　YC60	4	120	8	960	2	4.58
8005074			900 以内　YC100	4	120	8	960	2	4.57
8005075			1200 以内　YC120	4	120	8	960	2	4.57
8005076			3000 以内　YC300	4	120	8	960	2	4.27
8005077			5000 以内　YC500	4	120	8	960	2	4.27

23.【机械名称】钢绞线拉伸设备

【实物图片】

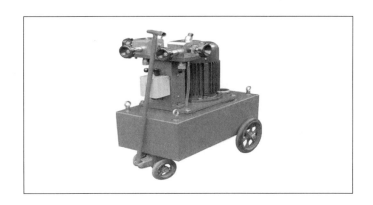

【计算参数】

代 号	机 具 名 称		残值率（%）	年工作台班	折旧年限	耐用总台班	大修理次数	K 值
8005078	钢绞线拉伸设备	油泵、千斤顶各1	4	150	10	1500	2	3.05

24.【机械名称】智能张拉系统

【实物图片】

【机械用途】

智能张拉系统不依靠工人手动控制,而利用计算机智能控制技术,通过仪器自动操作,完成钢绞线的张拉施工。智能张拉技术由于智能系统的高精度和稳定性,能排除人为因素干扰,有效确保预应力张拉施工质量,是目前国内预应力张拉领域的先进工艺。

【计算参数】

代 号	机具名称	规格型号	残值率(%)	折旧年限	耐用总台班	大修理次数	K值
8005079	智能张拉系统	LX-MSP 型	4	6	1000	1	3.64

25.【机械名称】钢绞线压花机

【实物图片】

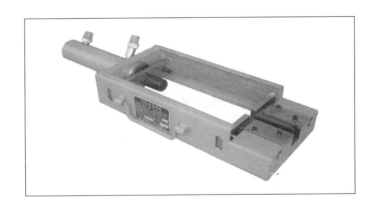

【机械用途】

钢绞线压花机是制作固定端锚具的专用挤压设备,主要用于把预应力钢绞线的固定端压成梨形散花状。更换夹持钢绞线的楔块,可用于其他规格钢绞线。

【计算参数】

代　号	机　具　名　称	残值率(%)	年工作台班	折旧年限	耐用总台班	大修理次数	K值
8005080	钢绞线压花机　含泵	4	150	10	1500	2	3.05

26.【机械名称】钢绞线穿束机

【实物图片】

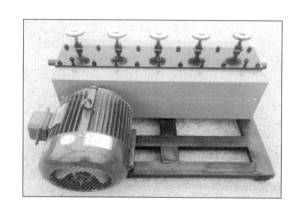

【机械用途】

钢绞线穿束机广泛应用于大型桥梁、箱梁与构筑物,是理想的穿索施工机械。在建造桥梁和大型建筑物采用有预应力工作中,作为孔道穿钢绞线的主要工具。

【计算参数】

代 号	机 具 名 称		残值率(%)	年工作台班	折旧年限	耐用总台班	大修理次数	K值
8005081	钢绞线穿束机	含泵	4	150	8	1200	2	4.06

27.【机械名称】波纹管卷制机

【实物图片】

【机械用途】

波纹管卷制机是生产预应力混凝土预留孔道金属波纹管的设备,采用镀锌或冷轧钢带卷制成双波形经咬边扣压而成波纹管,适用于工地或工厂集中使用。

【计算参数】

代　号	机　具　名　称			残值率（%）	年工作台班	折旧年限	耐用总台班	大修理次数	K值
8005082	波纹管卷制机	含钢带点焊机	6D150(DN-10)	4	120	8	960	2	4.06

28.【机械名称】压浆机(含拌浆机)

【实物图片】

【机械用途】

压浆机是孔道灌浆的主要设备,主要由灰浆搅拌桶、储浆桶和灰浆泵,以及供水系统组成,适用于后张法预应力孔道压浆。

【计算参数】

代 号	机 具 名 称			残值率(%)	年工作台班	折旧年限	耐用总台班	大修理次数	K值
8005083	压浆机(含拌浆机)	生产率50L/min	HB50/15	4	120	6	720	2	5.61

29.【机械名称】智能压浆系统

【实物图片】

【机械用途】

智能压浆系统集自动上料、自动计量、高速搅拌、低速搅拌、泵送浆液及远程监控为一体,应用于铁路、公路桥梁建设工程中的预应力施工,具有移动方便、自动化程度高、计量准确、操作简单等特点。

【计算参数】

代 号	机 具 名 称		残值率(%)	年工作台班	折旧年限	耐用总台班	大修理次数	K值
8005084	智能压浆系统	HJZJ-2 型	4	150	9	1500	2	5.62

30.【机械名称】预制块生产设备

【实物图片】

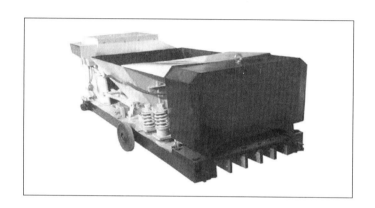

【计算参数】

代 号	机 具 名 称	残值率（％）	年工作台班	折旧年限	耐用总台班	大修理次数	K 值
8005085	预制块生产设备	4	150	9	1500	2	2.59

8007　水平运输机械

1.【机械名称】载货汽车

【实物图片】

【机械用途】
　　载货汽车指主要应用于运送货物的汽车,有时也指可以牵引其他车辆的汽车,属于商用车辆类别。载货汽车一般称作货车,又称作卡车。

【定额分类】

载货汽车按装载质量分为通用型2t以内、3t以内、4t以内、5t以内、6t以内、8t以内、10t以内、12t以内、15t以内、20t以内和防爆型4t以内。

【计算参数】

代号	机具名称			残值率（%）	年工作台班	折旧年限	耐用总台班	大修理次数	K值
8007001	载货汽车	装载质量（t）	2以内		2	200	7	1400	2	5.7
8007002			3以内		2	200	7	1400	2	5.7
8007003			4以内	CA10B	2	220	7	1540	2	5.7
8007004			5以内		2	220	7	1540	2	5.7
8007005			6以内	CA141K,CA1091K	2	220	7	1540	2	5.7
8007006			8以内	JN150	2	220	7	1540	2	5.7
8007007			10以内	JN161,JN162	2	220	7	1540	2	5.7
8007008			12以内		2	220	7	1540	2	5.7
8007009			15以内	SH161,T815	2	220	7	1540	2	5.7
8007010			20以内	CQ30290/38	2	220	7	1540	2	5.7
8007021	防爆型载货汽车		4以内	CA10B	2	220	7	1540	2	4.52

2.【机械名称】自卸汽车

【实物图片】

【机械用途】
　　自卸汽车由于装载车厢能自动倾翻一定角度卸料,大大节省卸料时间和劳动力,缩短运输周期,提高生产效率,降低运输成本,并标明装载容积,是常用的运输机械。

【定额分类】
　　自卸汽车按装载质量分为通用型 3t 以内、5t 以内、6t 以内、8t 以内、10t 以内、12t 以内、15t 以内、18t 以内、20t 以内、30t 以内和防爆型 15t 以内。

【计算参数】

代 号	机 具 名 称			残值率（%）	年工作台班	折旧年限	耐用总台班	大修理次数	K值
8007011	自卸汽车	装载质量（t）	3 以内		2	200	7	1400	2	4.51
8007012			5 以内	CA340	2	200	7	1400	2	4.51
8007013			6 以内	CA/CQ340X	2	200	7	1400	2	3.39
8007014			8 以内	QD351	2	200	7	1400	2	3.39
8007015			10 以内	QD361	2	200	7	1400	2	3.39
8007016			12 以内	T138,SX360	2	200	7	1400	2	3.4
8007017			15 以内	SH361,T815	2	200	7	1400	2	3.39
8007018			18 以内		2	200	7	1400	2	3.4
8007019			20 以内	BJ374	2	200	7	1400	2	3.39
8007020			30 以内		2	200	7	1400	2	5.7
8007022	防爆型自卸汽车		15 以内	SH361,T815	2	200	7	1400	2	3.39

3.【机械名称】平板拖车组

【实物图片】

【机械用途】
平板拖车又称平板车、全挂平板车、全挂车、平板挂车等,是现代物流运输重要的工具。使用平板拖车是提高经济效益最有效和简单的重要手段,具有承重能力强效率高等优势。

【定额分类】
平板拖车组按装载质量分为15t以内、20t以内、30t以内、40t以内、50t以内、60t以内、80t以内、100t以内、120t以内、150t以内和200t以内。

【计算参数】

代　号	机　具　名　称				残值率（％）	年工作台班	折旧年限	耐用总台班	大修理次数	K值
8007023	平板拖车组	装载质量（t）	15以内	JN462	2	160	7	1120	2	4.81
8007024			20以内		2	160	7	1120	2	4.81
8007025			30以内		2	160	7	1120	2	4.81
8007026			40以内		2	160	7	1120	2	4.81
8007027			50以内		2	160	7	1120	2	4.81
8007028			60以内		2	160	7	1120	2	4.81
8007029			80以内		2	160	7	1120	2	4.81
8007030			100以内		2	160	7	1120	2	4.81
8007031			120以内		2	160	7	1120	2	4.81
8007032			150以内		2	160	7	1120	2	4.81
8007033			200以内		2	160	7	1120	2	4.81

4.【机械名称】运油汽车

【实物图片】

【机械用途】
运油汽车主要作用是运输汽油、柴油、原油和润滑油等,运输介质通过油泵,泵进、泵出。
【定额分类】
运油汽车按容量分为3000L以内、5000L以内、8000L以内和10000L以内。

【计算参数】

代　号	机　具　名　称			残值率（%）	年工作台班	折旧年限	耐用总台班	大修理次数	K 值
8007034	运油汽车	容量（L）	3000 以内	2	200	7	1400	2	5.18
8007035			5000 以内	2	200	7	1400	2	5.17
8007036			8000 以内	2	200	7	1400	2	5.17
8007037			10000 以内	2	200	7	1400	2	5.17

5.【机械名称】加油汽车

【实物图片】

【机械用途】

加油汽车是在运油车的基础上加装加油机、自动卷盘、加油枪、泵等主要部件,主要用作石油的衍生品(汽油、柴油、原油、润滑油及煤焦油等油品)的运输和储藏。根据不同的用途和使用环境有多种加油或运油功能,具有吸油、泵油,多种油分装、分放等功能。

【定额分类】

加油汽车按容量分为5000L以内和8000L以内。

【计算参数】

代号	机具名称		残值率(%)	年工作台班	折旧年限	耐用总台班	大修理次数	K值
8007038	加油汽车	容量(L)	5000以内	2	200	7	1400	2	5.17
8007039			8000以内	2	200	7	1400	2	5.17

6.【机械名称】洒水汽车

【实物图片】

【机械用途】

洒水汽车适用于各种路面冲洗,树木、绿化带、草坪绿化,道路、厂矿企业施工建设,高空建筑冲洗,具有洒水、压尘,高、低位喷洒等功能,又称为喷洒车、多功能洒水车、园林绿化洒水车、水罐车、运水车。

【定额分类】

洒水汽车按容量分为4000L以内、6000L以内、8000L以内、10000L以内、15000L以内和20000L以内。

【计算参数】

代号	机具名称			残值率(%)	年工作台班	折旧年限	耐用总台班	大修理次数	K值
8007040	洒水汽车	容量(L)	4000 以内	2	200	7	1400	2	4.36
8007041			6000 以内 YGJ5102GSSEQ	2	200	7	1400	2	4.36
8007042			8000 以内 YG5130GSSCA	2	200	7	1400	2	4.36
8007043			10000 以内 YGJ5170GSSJN	2	200	7	1400	2	4.36
8007044			15000 以内	2	200	7	1400	2	4.36
8007045			20000 以内	2	200	7	1400	2	4.36

7.【机械名称】机动翻斗车

【实物图片】

【机械用途】
机动翻斗车适用于砂石、土方、煤炭、矿石等各种散装物料的短途运输,动力强劲,通常有机械回斗功能。
【定额分类】
机动翻斗车按装载质量分为通用性1t以内、1.5t以内、2t以内和防爆型1t以内。

【计算参数】

代　号	机　具　名　称			残值率(%)	年工作台班	折旧年限	耐用总台班	大修理次数	K值
8007046	机动翻斗车	装载质量(t)	1.0以内	F10A	2	200	5	1000	2	3.99
8007047			1.5以内	F15	2	200	5	1000	2	3.99
8007048			2.0以内	F20	2	200	5	1000	2	3.99
8007049	防爆型机动翻斗车		1.0以内	F10A	2	200	5	1000	2	4

8.【机械名称】轨道拖车头

【实物图片】

【机械用途】

轨道拖车头是一种厂内有轨电动运输车辆,需要在地面上铺设轨道,轨道一般为工字形面接触道轨;在电机减速机驱动下自动运行。此种车辆具有结构简单、使用方便、承载能力大、维护容易、使用寿命长等特点,成为企业厂房内部及厂房与厂房之间短距离定点频繁运载重物的首选运输工具。

【计算参数】

代 号	机 具 名 称		残值率(%)	年工作台班	折旧年限	耐用总台班	大修理次数	K值
8007050	轨道拖车头	功率30kW	2	200	10	2000	2	4

9.【机械名称】轨道铁斗车

【实物图片】

【机械用途】

轨道铁斗车是工地、矿区常用的一种运输工具,长方形,口大底小,似斗,下有轮,运行于轨道上。用于输送煤、矿石和废石等散状物料的窄轨铁路搬运,一般用机车或绞车牵引。

【定额分类】

轨道铁斗车按装载质量分为2t以内、4t以内和6t以内。

【计算参数】

代 号	机 具 名 称			残值率(%)	年工作台班	折旧年限	耐用总台班	大修理次数	K值
8007051	轨道铁斗车	装载质量(t)	2以内	翻斗式	2	200	6	1200	2	3.99
8007052			4以内	侧卸式	2	200	6	1200	2	4.01
8007053			6以内	U型	2	200	6	1200	2	3.99

10.【机械名称】手扶式拖拉机(带斗)

【实物图片】

【机械用途】
手扶式拖拉机(带斗)是一种小型拖拉机,结构简单,功率较小,适宜乡村、城郊、建筑、施工等短途运输使用。

【计算参数】

代 号	机 具 名 称			残值率(%)	年工作台班	折旧年限	耐用总台班	大修理次数	K值
8007054	手扶式拖拉机(带斗)	功率9kW	东风12,工农12	4	200	7	1400	2	2.14

11.【机械名称】电瓶车

【实物图片】

【机械用途】

电瓶车以蓄电池驱动,适用于短距离运输。

【定额分类】

电瓶车按装载质量分为3t以内、5t以内、8t以内、10t以内和12t以内。

【计算参数】

代　号	机 具 名 称		残值率(%)	年工作台班	折旧年限	耐用总台班	大修理次数	K 值
8007055	电瓶车	装载质量(t) 3 以内	2	200	6	1200	2	1.62
8007056		5 以内	2	180	8	1440	2	2.23
8007057		8 以内	2	180	8	1440	2	2.23
8007058		10 以内	2	180	8	1440	2	2.23
8007059		12 以内	2	180	8	1440	2	2.23

12.【机械名称】梭式矿车

【实物图片】

【机械用途】

梭式矿车是一种用于隧道、井巷、矿山开采、引水洞、导流洞、石油输送管道、天然气输送管道、隧洞掘进和采矿施工中的一种出碴、装矿的运输储存设备。主要由运输机的槽形车厢和走行部分组成,用牵引电机车牵引在轨道上行驶。车体设置在两个转向架上,在车厢底板上装有刮板或链板运输机,用风力或电力驱动,也有风电两用的,普遍采用电动驱动工作。

【定额分类】

梭式矿车按斗容量分为 $8m^3$ 以内、$14m^3$ 以内和 $20m^3$ 以内。

【计算参数】

代 号	机 具 名 称			残值率(%)	年工作台班	折旧年限	耐用总台班	大修理次数	K 值
8007060	梭式矿车	斗容量(m^3)	8 以内	2	200	8	1600	2	1.64
8007061			14 以内	2	200	8	1600	2	1.64
8007062			20 以内	2	200	8	1600	2	1.64

13.【机械名称】轮胎式运梁车

【实物图片】

【机械用途】

轮胎式运梁车适用于工矿企业、铁路、港口、建筑工地等场地作业,可解决预制构件长距离、大吨位的安全运输问题,是目前桥梁架设过程中理想的预制构件运输工具。

【定额分类】

轮胎式运梁车按装载质量分为120t以内、160t以内、180t以内、200t以内和260t以内。

【计算参数】

代　号	机　具　名　称			残值率（%）	年工作台班	折旧年限	耐用总台班	大修理次数	K值
8007063	轮胎式运梁车	装载质量（t）	120以内	2	135	8	1080	2	2.03
8007064			160以内	2	135	8	1080	2	2.03
8007065			180以内	2	135	8	1080	2	2.03
8007066			200以内	2	135	8	1080	2	2.03
8007067			260以内	2	135	8	1080	2	2.03

8009　起重及垂直运输机械

1.【机械名称】履带式起重机

【实物图片】

【机械用途】

履带式起重机适用于高层建筑施工,是一种利用履带行走的动臂旋转起重机。履带接地面积大,通过性好,适应性强,可带载行走,适用于建筑工地的吊装作业。可进行挖土、夯土、打桩等多种作业。但因行走速度缓慢,转移工地需要其他车辆搬运。

【定额分类】

履带式起重机按提升质量分为10t以内、15t以内、20t以内、25t以内、30t以内、40t以内、50t以内、60t以内、70t以内、80t以内、90t以内、100t以内、140t以内、150t以内、200t以内、250t以内和300t以内。

【计算参数】

代号	机具名称			残值率（%）	年工作台班	折旧年限	耐用总台班	大修理次数	K值
8009001	履带式起重机	提升质量（t）	10以内		2	200	11	2200	2	1.87
8009002			15以内		2	200	11	2200	2	1.87
8009003			20以内		2	200	11	2200	2	1.87
8009004			25以内	QU25	2	200	11	2200	2	1.87
8009005			30以内	QU25	2	200	11	2200	2	1.87
8009006			40以内		2	200	11	2200	2	1.87
8009007			50以内	QUY50A	2	200	11	2200	2	1.87
8009008			60以内		2	200	11	2200	2	1.87
8009009			70以内		2	200	11	2200	2	1.87
8009010			80以内		2	200	11	2200	2	1.87
8009011			90以内		2	200	12	2400	2	1.87
8009012			100以内		2	200	12	2400	2	1.87
8009013			140以内		2	200	12	2400	2	1.87

续上表

代 号	机 具 名 称			残值率(%)	年工作台班	折旧年限	耐用总台班	大修理次数	K值
8009014	履带式起重机	提升质量(t)	150以内	2	200	12	2400	2	1.87
8009015			200以内	2	200	12	2400	2	1.87
8009016			250以内	2	200	12	2400	2	1.87
8009017			300以内	2	200	12	2400	2	1.87

2.【机械名称】轮胎式起重机

【实物图片】

【机械用途】

轮胎式起重机是把起重机构安装在加重型轮胎和轮轴组成的特制底盘上的一种全回转式起重机,其上部构造与履带式起重机基本相同。为保证安装作业时机身的稳定性,起重机设有四个可伸缩的支腿。在平坦地面上可不用支腿进行小起质量吊装及吊物低速行驶。它由上车和下车两部分组成。上车为起重作业部分,设有动臂、起升机构、变幅机构、平衡重和转台等;下车为支承和行走部分。上、下车之间用回转支承连接。吊重时一般需放下支腿,增大支承面,并将机身调平,以保证起重机的稳定。

【定额分类】

轮胎式起重机按提升质量分为8t以内、16t以内、20t以内、25t以内、40t以内、50t以内和60t以内。

【计算参数】

代 号	机 具 名 称			残值率（%）	年工作台班	折旧年限	耐用总台班	大修理次数	K值
8009018	轮胎式起重机	提升质量（t）	8 以内	QLY8	2	200	12	2400	2	3.1
8009019			16 以内	QLY16	2	200	12	2400	2	3.1
8009020			20 以内	QLY16A	2	200	12	2400	2	3.1
8009021			25 以内	QLY25	2	200	12	2400	2	3.1
8009022			40 以内	RT740	2	200	12	2400	2	3.1
8009023			50 以内		2	200	12	2400	2	3.1
8009024			60 以内		2	200	12	2400	2	3.1

3.【机械名称】汽车式起重机

【实物图片】

【机械用途】

汽车式起重机主要由起升、变幅、回转、起重臂和汽车底盘组成。主要特点是操作灵活,机械性能好,行驶速度高,能与汽车编队行驶。适用于公路工程、管道工程、桥梁工程、市政工程、高架桥、立交桥等吊装材料和构件。

【定额分类】

汽车起重机按提升质量分为5t以内、8t以内、12t以内、16t以内、20t以内、25t以内、30t以内、40t以内、50t以内、75t以内、90t以内、100t以内、110t以内、120t以内、125t以内、130t以内、150t以内、160t以内、200t以内、350t以内和400t以内。

【计算参数】

代 号	机 具 名 称			残值率(%)	年工作台班	折旧年限	耐用总台班	大修理次数	K值
8009025	汽车式起重机	提升质量(t)	5 以内	QY5	2	200	10	2000	2	2.1
8009026			8 以内	QY8	2	200	10	2000	2	2.1
8009027			12 以内	QY12	2	200	10	2000	2	2.1
8009028			16 以内	QY16	2	200	10	2000	2	2.1
8009029			20 以内	QY20	2	200	10	2000	2	2.1
8009030			25 以内	QY25	2	200	10	2000	2	2.1
8009031			30 以内	QY30	2	200	10	2000	2	2.1
8009032			40 以内	QY40	2	200	10	2000	2	2.1
8009033			50 以内	QY50	2	200	10	2000	2	2.1
8009034			75 以内	QY75	2	200	10	2000	2	2.1
8009035			90 以内		2	200	10	2000	2	2.1
8009036			100 以内		2	200	10	2000	2	2.1
8009037			110 以内		2	200	10	2000	2	2.1
8009038			120 以内		2	200	10	2000	2	2.1
8009039			125 以内		2	200	10	2000	2	2.1
8009040			130 以内		2	200	10	2000	2	2.1
8009041			150 以内		2	200	10	2000	2	2.1

续上表

代　号	机　具　名　称		残值率（％）	年工作台班	折旧年限	耐用总台班	大修理次数	K值
8009042	汽车式起重机	提升质量(t)	160t 以内	2	200	10	2000	2	2.1
8009043			200t 以内	2	200	10	2000	2	2.1
8009044			350 以内	2	200	10	2000	2	2.1
8009045			400 以内	2	200	10	2000	2	2.1

4.【机械名称】高空作业车

【实物图片】

【机械用途】
　　高空作业车是在汽车底盘的基础上加装高空作业装备,从结构上可分为直升降式、折叠臂式、伸缩臂式和混合臂式等。高空作业车适用于交通管理、市政管理、供电维修部门等进行路牌标志安装、电力维修等高空作业。

【定额分类】
　　高空作业车按最大作业高度分为10m以内、15m以内、20m以内。

【计算参数】

代 号	机 具 名 称			残值率（%）	年工作台班	折旧年限	耐用总台班	大修理次数	K值
8009046	高空作业车	最大作业高度（m）	10以内	QYJ5040JGKZ10	4	180	10	1800	2	1.91
8009047	高空作业车	最大作业高度（m）	15以内	QYJ5060JGKZ15	4	180	10	1800	2	1.91
8009048	高空作业车	最大作业高度（m）	20以内	QYJ5060JGKZ18	3	180	10	1800	2	1.91

5.【机械名称】塔式(附着式)起重机

【实物图片】

【机械用途】

塔式(附着式)起重机主要用于房屋建筑施工中物料的垂直和水平输送及建筑构件的安装,由金属结构、工作机构和电气系统三部分组成。

【定额分类】

塔式(附着式)起重机按最大提升质量和提升高度分为 6t(80m 以内、150m 以内、200m 以内)、8t(80m 以内、150m 以内、200m 以内)和 12t(80m 以内、150m 以内、200m 以内)。

【计算参数】

代 号	机 具 名 称				残值率（%）	年工作台班	折旧年限	耐用总台班	大修理次数	K 值
8009049	塔式（附着式）起重机	最大提升质量6t以内	提升高度（m）	80 以内	QTZ63	2	220	12	2640	2	4
8009050				150 以内	QTZ63	2	220	12	2640	2	4
8009051				200 以内	QTZ63	2	220	12	2640	2	4
8009052		最大提升质量8t以内		80 以内	QT80A，QTZ80	2	220	12	2640	2	4
8009053				150 以内	QT80A，QTZ80	2	220	12	2640	2	4
8009054				200 以内	QT80A，QTZ80	2	220	12	2640	2	4
8009055		最大提升质量12t以内		80 以内	QT125，QTZ125	2	220	12	2640	2	4
8009056				150 以内	QT125，QTZ125	2	220	12	2640	2	4
8009057				200 以内	QT125，QTZ125	2	220	12	2640	2	4

6.【机械名称】桅杆式起重机

【实物图片】

【机械用途】
桅杆式起重机是指固定安装的起重机,由桅杆、动臂、支撑装置和起升、变幅、回转机构组成。一般用于港口码头,多用于构件较重、吊装工程比较集中、施工场地狭窄而又缺乏其他合适的大型起重机械时。

【定额分类】
桅杆式起重机按提升质量分为5t以内、10t以内、15t以内、25t以内和40t以内。

【计算参数】

代　号	机　具　名　称			残值率（%）	年工作台班	折旧年限	耐用总台班	大修理次数	K值
8009058	桅杆式起重机	提升质量（t）	5 以内 WD5	2	220	11	2420	2	4.27
8009059			10 以内 WD10	2	220	11	2420	2	4.27
8009060			15 以内 WD15	2	220	11	2420	2	4.27
8009061			25 以内 WD25	2	220	11	2420	2	4.27
8009062			40 以内 WD40	2	220	11	2420	2	4.27

7.【机械名称】龙门式起重机

【实物图片】

【机械用途】
龙门式起重机是桥式起重机的一种变形,在港口主要用于室外的货场以及料场货、散货的装卸作业。龙门式起重机具有场地利用率高、作业范围大、适应面广、通用性强等特点,在港口货场得到广泛应用。

【定额分类】
龙门式起重机按提升质量和跨度分为跨度20m(5t以内、10t以内、20t以内)、30m(30t以内、40t以内、50t以内、60t以内、80t以内、100t以内)、42m(120t以内、250t以内)和50m(350t以内)。

【计算参数】

代　号	机　具　名　称			残值率（%）	年工作台班	折旧年限	耐用总台班	大修理次数	K值
8009063	龙门式起重机	跨度20m	5以内	电动	2	220	11	2420	2	3.56
8009064		跨度20m	10以内	电动	2	220	11	2420	2	3.56
8009065			20以内	电动	2	220	11	2420	2	3.56
8009055		跨度30m	30以内	电动	2	220	11	2420	2	3.56
8009056			40以内	电动	2	220	11	2420	2	3.56
8009068			提升质量(t) 50以内	电动	2	220	11	2420	2	3.56
8009069			60以内	电动	2	220	11	2420	2	3.56
8009070			80以内	电动	2	220	11	2420	2	3.56
8009071			100以内	电动	2	220	11	2420	2	3.56
8009072		跨度42m	120以内	电动	2	220	11	2420	2	3.56
8009073			250以内	电动	2	220	11	2420	2	3.56
8009074		跨度50m	350以内	电动	2	220	11	2420	2	3.56

8.【机械名称】跨缆吊机

【实物图片】

【机械用途】
跨缆吊机是悬索桥钢箱梁桥面单元提升安装的专用设备。

【计算参数】

代 号	机 具 名 称	残值率（%）	年工作台班	折旧年限	耐用总台班	大修理次数	K 值
8009075	跨缆吊机	2	200	11	2200	2	2.85

9.【机械名称】行走式桥面吊机

【实物图片】

【机械用途】
行走式桥面吊机是斜拉桥吊装钢箱梁、混凝土箱梁桥面单元提升安装的专用设备。

【计算参数】

代 号	机 具 名 称	残值率（%）	年工作台班	折旧年限	耐用总台班	大修理次数	K值
8009076	行走式桥面吊机	2	200	11	2200	2	2.37

10.【机械名称】悬臂吊机

【实物图片】

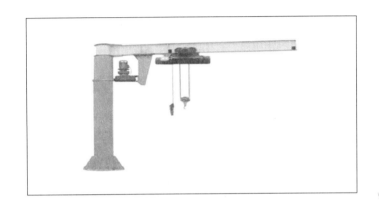

【机械用途】
悬臂吊机广泛应用于工矿车间的生产线,装配线和机床的上下工件,以及仓库、码头等场所的物料吊运作业。

【定额分类】
本定额中悬臂吊机只分为提升质量130t以内。

【计算参数】

代 号	机 具 名 称		残值率(%)	年工作台班	折旧年限	耐用总台班	大修理次数	K值
8009077	悬臂吊机	提升质量130t以内	2	200	11	2200	2	0.47

11.【机械名称】少先吊

【实物图片】

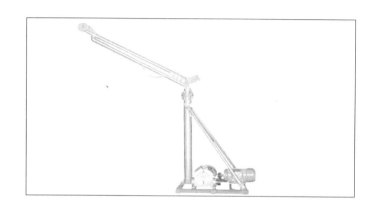

【机械用途】

少先吊由底座、旋转平台、吊具、吊臂等构成,适用范围广,可广泛适用于吊装各种散料、秸秆及纤维状物料和各种小型空心楼板、大型混凝土砌块、木料、钢管、油桶、箱体等。

【定额分类】

本定额中少先吊只分为提升质量1t以内。

【计算参数】

代 号	机 具 名 称		残值率（%）	年工作台班	折旧年限	耐用总台班	大修理次数	K 值
8009078	少先吊	提升质量1t以内	2	200	11	2200	2	8.28

12.【机械名称】单筒慢动电动卷扬机

【实物图片】

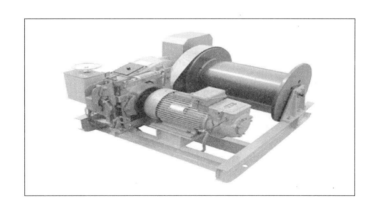

【机械用途】
卷扬机广泛应用于建筑、桥梁、冶金、矿山等企业工地中，用于物料升降和大型吊装工程中作卷扬、拖拉各种材

料和设备,主要用于卷扬、拉卸、推、拖重物。如各种大中型混凝土、钢结构及机械设备的安装和拆卸。卷扬机适用于建筑安装公司、矿区、工厂的土木建筑及安装工程。

【定额分类】

单筒慢动电动卷扬机按牵引力分为10kN以内、30kN以内、50kN以内、80kN以内、100kN以内、200kN以内、300kN以内和500kN以内。

【计算参数】

代号	机具名称					残值率（%）	年工作台班	折旧年限	耐用总台班	大修理次数	K值
8009079	电动卷扬机	单筒慢动	牵引力（kN）	10以内	JJM-1	4	200	10	2000	2	2.71
8009080				30以内	JJM-3	4	200	10	2000	2	2.72
8009081				50以内	JJM-5	4	200	10	2000	2	2.71
8009082				80以内	JJM-8	4	200	10	2000	2	2.71
8009083				100以内	JJM-10	4	200	10	2000	2	2.71
8009084				200以内	JJM-20	4	200	10	2000	2	2.71
8009085				300以内	JJM-32	4	200	10	2000	2	2.71
8009086				500以内	JJM-50	4	200	10	2000	2	2.71

13.【机械名称】单筒快动电动卷扬机

【实物图片】

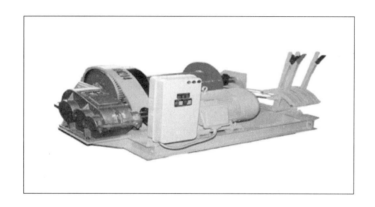

【机械用途】
同单筒慢动电动卷扬机。
【定额分类】
单筒快动电动卷扬机按牵引力分为 10kN 以内、20kN 以内、30kN 以内、50kN 以内、80kN 以内和 100kN 以内。

【计算参数】

代　号	机　具　名　称					残值率（%）	年工作台班	折旧年限	耐用总台班	大修理次数	K 值
8009087	电动卷扬机	单筒快动	牵引力（kN）	10 以内	JJK-1	4	200	10	2000	2	2.71
8009088				20 以内	JJK-2	4	200	10	2000	2	2.72
8009089				30 以内	JJK-3	4	200	10	2000	2	2.72
8009090				50 以内	JJK-5	4	200	10	2000	2	2.71
8009091				80 以内	JJK-8	4	200	10	2000	2	2.71
8009092				100 以内	JJK-10	4	200	10	2000	2	2.71

14.【机械名称】双筒慢动电动卷扬机

【实物图片】

【机械用途】
同单筒慢动电动卷扬机。

【定额分类】
双筒慢动电动卷扬机按牵引力分为10kN以内、30kN以内、50kN以内、80kN以内、100kN以内和250kN以内。

【计算参数】

代　号	机　具　名　称				残值率（%）	年工作台班	折旧年限	耐用总台班	大修理次数	K 值
8009093	电动卷扬机	双筒慢动	牵引力（kN）	10 以内	JJ2M-1	4	200	10	2000	2	2.71
8009094				30 以内	JJ2M-3	4	200	10	2000	2	2.72
8009095				50 以内	JJ2M-5	4	200	10	2000	2	2.72
8009096				80 以内	JJ2M-8	4	200	10	2000	2	2.71
8009097				100 以内	JJ2M-10	4	200	10	2000	2	2.71
8009098				250 以内	JJ2M-25	4	200	10	2000	2	2.71

15.【机械名称】双筒快动电动卷扬机

【实物图片】

【机械用途】
同单筒慢动电动卷扬机。

【定额分类】
双筒快动电动卷扬机按牵引力分为10kN以内、20kN以内、30kN以内、50kN以内、80kN以内和100kN以内。

【计算参数】

代 号	机 具 名 称				残值率(%)	年工作台班	折旧年限	耐用总台班	大修理次数	K值
8009099	电动卷扬机	双筒快动	牵引力(kN)	10 以内	JJ2K-1	4	200	10	2000	2	2.71
8009100				20 以内	JJ2K-2	4	200	10	2000	2	2.71
8009101				30 以内	JJ2K-3	4	200	10	2000	2	2.71
8009102				50 以内	JJ2K-5	4	200	10	2000	2	2.71
8009103				80 以内	JJ2K-8	4	200	10	2000	2	2.71
8009104				100 以内	JJ2K-10	4	200	10	2000	2	2.71

16.【机械名称】手摇卷扬机

【实物图片】

【机械用途】
手摇卷扬机又称手摇绞盘、手摇绞车,是一种适用于诸多场所的起重工具。

【定额分类】
手摇卷扬机按牵引力分为10kN以内、30kN以内和50kN以内。

【计算参数】

代　号	机　具　名　称			残值率（%）	年工作台班	折旧年限	耐用总台班	大修理次数	K 值
8009105	手摇卷扬机	牵引力（kN）	10 以内	JS-1	4	200	10	2000	2	2.69
8009106			30 以内	JS-3	4	200	10	2000	2	2.73
8009107			50 以内	JS-5	4	200	10	2000	2	2.74

17.【机械名称】皮带运输机

【实物图片】

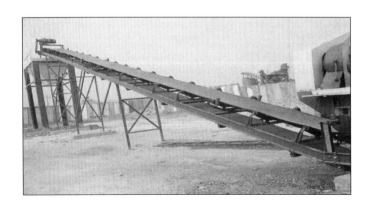

【机械用途】

皮带运输机广泛应用于采矿、冶金、化工、铸造、建材等行业的输送和生产流水线以及水电站建设工地和港口等生产部门。主要用来输送破碎后的物料,根据输送工艺要求,可单台输送,也可多台组成或与其他输送设备组成水平或倾斜的输送系统。

【定额分类】

皮带运输机按带长和带宽分为带长 10m×带宽 0.5m、带长 15m×带宽 0.5m、带长 20m×带宽 0.5m 和带长 30m×带宽 0.5m。

【计算参数】

代 号	机 具 名 称		残值率(%)	年工作台班	折旧年限	耐用总台班	大修理次数	K 值
8009108	皮带运输机	带长×带宽 (m×m)	10×0.5	2	150	8	1200	2	3.57
8009109			15×0.5	2	150	8	1200	2	3.57
8009110			20×0.5	2	150	8	1200	2	3.57
8009111			30×0.5	2	150	8	1200	2	3.57

18.【机械名称】电动葫芦

【实物图片】

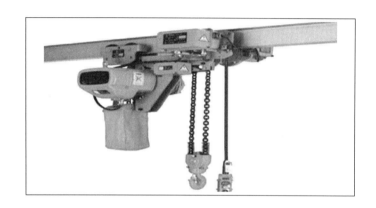

【机械用途】

电动葫芦适用于建筑安装公司、厂矿的土木建筑工程及桥梁施工、电力、船舶、汽车制造、建筑、公路、桥梁、冶金、矿山、隧道、井道治理防护等基础建设工程的机械设备。主要分类:环链电动葫芦、钢丝绳电动葫芦(防爆葫芦)、防腐电动葫芦、双卷筒电动葫芦、卷扬机、微型电动葫芦、群吊电动葫芦和多功能提升机。

【定额分类】

电动葫芦按提升质量分为2t以内、3t以内、5t以内、10t以内、15t以内、20t以内和30t以内。

【计算参数】

代　号	机　具　名　称			残值率(%)	年工作台班	折旧年限	耐用总台班	大修理次数	K 值
8009112	电动葫芦	提升质量(t)	2 以内	MD 型 $H=12\mathrm{m}$	2	100	7	700	2	3.36
8009113			3 以内	MD 型 $H=12\mathrm{m}$	2	100	7	700	2	3.36
8009114			5 以内	MD 型 $H=12\mathrm{m}$	2	100	7	700	2	3.36
8009115			10 以内	MD 型 $H=12\mathrm{m}$	2	100	7	700	2	2.66
8009116			15 以内	MD 型 $H=12\mathrm{m}$	2	100	7	700	2	2.66
8009117			20 以内	MD 型 $H=12\mathrm{m}$	2	100	7	700	2	2.66
8009118			30 以内	MD 型 $H=12\mathrm{m}$	2	100	7	700	2	2.66

19.【机械名称】内燃叉车

【实物图片】

【机械用途】
内燃叉车主要用于装卸、堆垛和拆除、短途搬运。
【定额分类】
内燃叉车按提升质量分为1t以内、2t以内、3t以内、4t以内、5t以内、6t以内、10t以内、16t以内和20t以内。

【计算参数】

代　　号	机　具　名　称			残值率（%）	年工作台班	折旧年限	耐用总台班	大修理次数	K值
8009119	内燃叉车	提升质量（t）	1以内	CPC10A	2	180	10	1800	2	2.1
8009120			2以内	CPCD20C	2	180	10	1800	2	2.1
8009121			3以内	CPC30A	2	180	10	1800	2	2.1
8009122			4以内	CPC40A	2	180	10	1800	2	2.1
8009123			5以内	CPC50A	2	180	10	1800	2	2.1
8009124			6以内		2	180	10	1800	2	5.18
8009125			10以内		2	180	10	1800	2	5.18
8009126			16以内		2	180	10	1800	2	5.18
8009127			20以内		2	180	10	1800	2	5.18

20.【机械名称】单笼施工电梯

【实物图片】

【机械用途】

施工电梯广泛用于建筑施工,如工业与民用建筑、桥梁施工、井下施工、大型烟囱施工及船舶工业等场所,适用于垂直运输物料及人员,作为永久性或半永久性的电梯还可用于仓库、高塔等不同场所。

【定额分类】

单笼施工电梯按提升高度分为75m以内、100m以内和150m以内。

【计算参数】

代 号	机具名称			残值率（%）	年工作台班	折旧年限	耐用总台班	大修理次数	K值
8009128	单笼施工电梯	提升高度（m）	75以内 SC50	2	240	10	2400	2	2.03
8009129			100以内	2	240	10	2400	2	2.03
8009130			150以内	2	240	10	2400	2	2.03

21.【机械名称】双笼施工电梯

【实物图片】

【机械用途】
同单笼施工电梯。

【定额分类】
双笼施工电梯按提升高度分为100m以内、200m以内、300m以内和400m以内。

【计算参数】

代　号	机　具　名　称			残值率(%)	年工作台班	折旧年限	耐用总台班	大修理次数	K值
8009131	双笼施工电梯	提升高度（m）	100以内	2	240	10	2400	2	2.03
8009132			200以内	2	240	10	2400	2	2.03
8009133			300以内	2	240	10	2400	2	2.03
8009134			400以内	2	240	10	2400	2	2.03

22.【机械名称】绞车

【实物图片】

【机械用途】
绞车主要运用于建筑、水利工程、林业、矿山、码头等的物料升降或平拖。绞车可单独使用,也可作起重、筑路和矿井提升等机械中的组成部件。

【定额分类】
绞车按构造分为单筒和双筒。

【计算参数】

代　号	机　具　名　称		残值率（%）	年工作台班	折旧年限	耐用总台班	大修理次数	K 值
8009135	2.0m×1.5m绞车	单筒	4	240	10	2400	2	0.88
8009136		双筒	4	240	10	2400	2	0.88

23.【机械名称】箱涵顶进设备

【实物图片】

【机械用途】
箱涵顶进设备主要用于公路、铁路、水利、市政等工程中箱涵的顶进。
【定额分类】
箱涵顶进设备按空顶自身质量分为≤500t、≤1000t、≤1500t、≤2000t、≤4000t 和≤5000t。
【计算参数】

代号	机具名称			残值率（%）	年工作台班	折旧年限	耐用总台班	大修理次数	K值
8009137	箱涵顶进设备	空顶自身质量（t）	≤500	4	225	10	2250	2	2.79
8009138			≤1000	4	225	10	2250	2	2.79
8009139			≤1500	4	225	10	2250	2	2.79
8009140			≤2000	4	225	10	2250	2	2.79
8009141			≤4000	4	225	10	2250	2	2.79
8009142			≤5000	4	225	10	2250	2	2.78

24.【机械名称】人工挖土法顶管设备

【实物图片】

【机械用途】
人工挖土法顶管设备通过对工作坑内的管道施加顶力将管道按设计的坡度顶入土中,并将土方运走。

【定额分类】
人工挖土法顶管设备按管径分为≤1200mm、≤1650mm、≤2000mm 和≤2460mm。

【计算参数】

代 号	机 具 名 称			残值率（%）	年工作台班	折旧年限	耐用总台班	大修理次数	K 值
8009143	人工挖土法顶管设备	管径（mm）	≤1200	4	225	10	2250	2	2.79
8009144			≤1650	4	225	10	2250	2	2.79
8009145			≤2000	4	225	10	2250	2	2.78
8009146			≤2460	4	225	10	2250	2	2.79

25.【机械名称】挤压法顶管设备

【实物图片】

【机械用途】

挤压法顶管设备是适用于软地层的一种顶管机,在施工中,进入喇叭口形破碎室的泥土,在安装于掘进机下部的螺旋输送装置的作用下通过压力墙,然后再通过砂石泵排出至地表。

【定额分类】

挤压法顶管设备按管径分为≤1000mm、≤1500mm 和≤1800mm。

【计算参数】

代 号	机 具 名 称			残值率(%)	年工作台班	折旧年限	耐用总台班	大修理次数	K 值
8009147	挤压法顶管设备	管径(mm)	≤1000	4	225	10	2250	2	2.78
8009148			≤1500	4	225	10	2250	2	2.79
8009149			≤1800	4	225	10	2250	2	2.79

26.【机械名称】液压千斤顶

【实物图片】

【机械用途】

液压千斤顶是一种简单的起重设备,一般只备有起升机构,用以起升重物。构造简单、质量轻、便于携带、移动方便,广泛运用于设备检修和安装。该设备由油室、油泵、储油腔、活塞、摇把、油阀等主要部分组成。

【定额分类】

液压千斤顶按提升质量分为100t以内、200t以内和300t以内。

【计算参数】

代 号	机 具 名 称			残值率（%）	年工作台班	折旧年限	耐用总台班	大修理次数	K值
8009150	液压千斤顶	提升质量（t）	100 以内	4	150	6	900	2	3.05
8009151			200 以内	4	150	6	900	2	3.05
8009152			300 以内	4	150	6	900	2	3.05

27.【机械名称】液压升降机

【实物图片】

【机械用途】

液压升降机广泛适用于汽车、集装箱、模具制造、木材加工、化工灌装等各类工业企业及生产流水线,满足不同作业高度的升降需求,同时可配装各类台面形式(如滚珠、滚筒、转盘、转向、倾翻、伸缩),配合各种控制方式(分动、联动、防爆),具有升降平稳准确、频繁启动、载质量大等特点,有效解决工业企业中各类升降作业难点,使生产作业轻松自如。

【定额分类】

液压升降机按提升质量分为300kg以内、400kg以内和500kg以内。

【计算参数】

代号	机具名称			残值率(%)	年工作台班	折旧年限	耐用总台班	大修理次数	K值
8009153	液压升降机	提升质量(kg)	300以内 提升高度9m	2	150	7	1050	2	3.05
8009154			400以内 提升高度9m	2	150	7	1050	2	3.05
8009155			500以内 提升高度9m	2	150	7	1050	2	3.05

8011　打桩、钻孔机械

1.【机械名称】导杆式柴油打桩机

【实物图片】

【机械用途】
导杆式柴油打桩机适用于修建桥梁、港口码头、堤堰和其他筑路及一般建筑工程中。

【定额分类】
导杆式柴油打桩机按锤质量分为0.6t以内、1.2t以内、1.6t以内和1.8t以内。

【计算参数】

代 号	机 具 名 称				残值率（%）	年工作台班	折旧年限	耐用总台班	大修理次数	K值
8011001	柴油打桩机	导杆式	锤质量（t）	0.6以内 DD6 耗油3.1L/h	4	200	10	2000	2	2.64
8011002				1.2以内 DD12 耗油4.0L/h	4	200	10	2000	2	2.64
8011003				1.6以内 DD16 耗油5.2L/h	4	200	10	2000	2	2.64
8011004				1.8以内 DD18 耗油6.9L/h	4	200	10	2000	2	2.04

2.【机械名称】轨道式柴油打桩机

【实物图片】

【机械用途】

同导杆式柴油打桩机。

【定额分类】

轨道式柴油打桩机按锤质量分为2.5t以内和3.5t以内。

【计算参数】

代 号	机 具 名 称					残值率(%)	年工作台班	折旧年限	耐用总台班	大修理次数	K 值
8011005	柴油打桩机	轨道式	锤质量(t)	2.5以内	D25	3	200	10	2000	2	2.5
8011006				3.5以内	D35	3	230	10	2300	2	2.5

3.【机械名称】重锤打桩机

【实物图片】

【机械用途】
重锤打桩机适用于桥梁、港口码头、建筑工程等打入深度较浅的桩。

【计算参数】

代号	机 具 名 称			残值率(%)	年工作台班	折旧年限	耐用总台班	大修理次数	K值
8011007	重锤打桩机	锤质量(t)	0.5以内	DZ500	4	200	8	1600	2	2.73

4.【机械名称】振动打拔桩机

【实物图片】

【机械用途】
振动打拔桩机适用于市政、桥梁、围堰、建筑地基等中短桩工程。
【定额分类】
振动打拔桩机按激振力分为300kN以内、400kN以内、500kN以内和600kN以内。

【计算参数】

代 号	机 具 名 称			残值率（%）	年工作台班	折旧年限	耐用总台班	大修理次数	K 值
8011008	振动打拔桩机	激振力（kN）	300 以内	3	160	10	1600	2	2.72
8011009			400 以内	3	160	10	1600	2	2.72
8011010			500 以内	3	160	10	1600	2	2.72
8011011			600 以内	3	160	10	1600	2	2.72

5.【机械名称】振动打拔桩锤

【实物图片】

【机械用途】

同振动打拔桩机。

【定额分类】

振动打拔桩锤按激振力分为300kN以内、500kN以内、600kN以内、900kN以内和1500kN以内。

【计算参数】

代号	机具名称			残值率（％）	年工作台班	折旧年限	耐用总台班	大修理次数	K值
8011012	振动打拔桩锤	激振力（kN）	300 以内	DZ30	3	180	10	1800	2	3.34
8011013			500 以内	DZ45	3	180	10	1800	2	2.28
8011014			600 以内	DZ60	3	180	10	1800	2	2.28
8011015			900 以内	DZ90	3	180	10	1800	2	2.14
8011016			1500 以内	ZD150	3	180	10	1800	2	2.14

6.【机械名称】液压式静力压桩机

【实物图片】

【机械用途】
液压式静力压桩机适用于工业厂房、综合办公大楼、高层建筑、桥梁等的软土地基的桩基工程。

【定额分类】
液压式静力压桩机按压力分为900kN以内、1200kN以内、1600kN以内、2000kN以内、3000kN以内、4000kN以内、5000kN以内、6000kN以内、8000kN以内和10000kN以内。

【计算参数】

代　号	机　具　名　称			残值率（%）	年工作台班	折旧年限	耐用总台班	大修理次数	K值
8011017	液压式静力压桩机	压力（kN）	900 以内	3	200	10	2000	2	2.72
8011018			1200 以内	3	200	10	2000	2	2.72
8011019			1600 以内	3	200	10	2000	2	2.72
8011020			2000 以内	3	190	10	1900	2	2.72
8011021			3000 以内	3	200	10	2000	2	2.14
8011022			4000 以内	3	200	10	2000	2	2.14
8011023			5000 以内	3	200	10	2000	2	2.14
8011024			6000 以内	3	200	10	2000	2	2.14
8011025			8000 以内	3	180	10	1800	1	5.94
8011026			10000 以内	3	180	10	1800	1	5.94

7.【机械名称】冲击钻机

【实物图片】

【机械用途】
冲击钻机是利用钻头的冲击力对岩层冲凿钻孔的机械,分为电动冲击钻机和机动冲击钻机。
【定额分类】
电动冲击钻机分为20型、22型、30型、JK8型和JK10型。机动冲击钻机只分为28型。

【计算参数】

代 号	机 具 名 称				残值率（%）	年工作台班	折旧年限	耐用总台班	大修理次数	K值
8011027	冲击钻机	电动	20型,22型	CZ-20,CZ-22	3	200	10	2000	2	2.14
8011028			30型	CZ-30	3	200	10	2000	2	2.14
8011029			JK8型	55kW	3	200	10	2000	2	2.14
8011030			JK10型	75kW	3	200	10	2000	2	2.14
8011031		机动	28型		3	200	10	2000	2	2.14

8.【机械名称】冲击反循环钻机

【实物图片】

【机械用途】

冲击反循环钻机适用于卵砾石、胶结卵砾石和嵌岩等复杂的基础工程施工,广泛应用于桥梁钻孔灌注桩、地下连续墙基础工程等。

【定额分类】

冲击反循环钻机按钻孔直径分为1200mm以内、2000mm以内和2500mm以内。

【计算参数】

代号	机具名称			残值率(%)	年工作台班	折旧年限	耐用总台班	大修理次数	K值
8011032	冲击反循环钻机	钻孔直径(mm)	1200以内	CJF-13	3	200	10	2000	2	2.14
8011033			2000以内	CJF-20A	3	200	10	2000	2	2.14
8011034			2500以内	YCJF-25	3	200	10	2000	2	2.14

9.【机械名称】回旋钻机

【实物图片】

【机械用途】
回旋钻机一般适用黏土、粉土、砂土、淤泥质土、人工回填土及含有部分卵石、碎石的地层,对于具有大扭矩动力头和自动内锁式伸缩钻杆的钻机,可以适应微风化岩层的施工。

【定额分类】
回旋钻机按钻孔直径分为1500mm以内、2500mm以内、3000mm以内和3500mm以内。

【计算参数】

代 号	机 具 名 称			残值率(%)	年工作台班	折旧年限	耐用总台班	大修理次数	K值
8011035	回旋钻机	钻孔直径（mm）	1500 以内 GPS-15，ZJ150-1	3	200	10	2000	2	2.7
8011036			2500 以内 QJ-250	3	200	10	2000	2	2.9
8011037			3000 以内 GZY-300	3	200	10	2000	2	2.9
8011038			3500 以内	3	200	10	2000	2	2.9

10.【机械名称】汽车式钻孔机

【实物图片】

【机械用途】

汽车式钻孔机是一种可移动式的钻机组,适用于高层建筑、桥梁、地质矿口、港口、水坝等基础桩钻孔工程施工。

【定额分类】

汽车式钻孔机按钻孔直径分为1000mm以内和2000mm以内。

【计算参数】

代　号	机　具　名　称			残值率（%）	年工作台班	折旧年限	耐用总台班	大修理次数	K值
8011039	汽车式钻孔机	钻孔直径（mm）	1000以内	4	200	8	1600	2	2.9
8011040			2000以内　SPC300H,GJC40H	3	200	8	1600	2	2.9

11.【机械名称】潜水钻机

【实物图片】

【机械用途】

潜水钻机主要应用于交通、市政、水利、土木及建筑工程的地基基础施工,适用于淤泥、沙层、黏土、风化岩等多种地质。

【定额分类】

潜水钻机按钻孔直径为1125mm以内、1500mm以内和2500mm以内。

【计算参数】

代 号	机 具 名 称			残值率（%）	年工作台班	折旧年限	耐用总台班	大修理次数	K值
8011041	潜水钻机	钻孔直径（mm）	1125 以内 GZQ1250B 含砂石	4	200	10	2000	2	2.9
8011042			1500 以内 RRC-15 含砂石	3	200	10	2000	2	2.9
8011043			2500 以内 RRC-20B 含砂石	3	200	10	2000	2	2.7

12.【机械名称】全套管钻孔机

【实物图片】

【机械用途】

全套管钻孔机是一种新型环保、高效的钻进设备,在城市地铁、深基坑维护咬合桩、废桩(地下障碍)的清理,高铁、谙桥、城建桩的施工,水库水坝的加固等项目中广泛应用。

【定额分类】

全套管钻孔机按钻孔直径分为1500mm以内和2000mm以内。

【计算参数】

代 号	机 具 名 称				残值率(%)	年工作台班	折旧年限	耐用总台班	大修理次数	K值
8011044	全套管钻孔机	钻孔直径(mm)	1500 以内	MT150	3	200	10	2000	2	2.7
8011045			2000 以内	MT200	3	200	11	2200	2	3.51

13.【机械名称】履带式旋挖钻机

【实物图片】

【机械用途】

旋挖钻机主要用于市政建设、公路桥梁、工业和民用建筑、地下连续墙、水利、防渗护坡等基础施工,以及不含砂石或含很小颗粒砂石、较软地层的施工。

【定额分类】

履带式旋挖钻机按钻孔直径分为 800mm、1000mm、1200m、1500m、1800m 和 2000mm。

【计算参数】

代 号	机 具 名 称			残值率（%）	年工作台班	折旧年限	耐用总台班	大修理次数	K值
8011046	履带式旋挖钻机	钻孔直径（mm）	800	3	200	10	2000	2	3.26
8011047			1000	3	200	10	2000	2	3.26
8011048			1200	3	200	10	2000	2	3.26
8011049			1500	3	200	10	2000	2	3.26
8011050			1800	3	200	10	2000	2	2.29
8011051			2000	3	200	10	2000	2	2.29

14.【机械名称】旋挖钻机

【实物图片】

【机械用途】
同履带式旋挖钻机。
【定额分类】
旋挖钻机按旋钻孔径分为 SR220R、SR250R 和 SR280R。

【计算参数】

代　号	机　具　名　称		残值率（％）	年工作台班	折旧年限	耐用总台班	大修理次数	K值
8011052	旋挖钻机	SR220R	3	200	10	2000	2	2.37
8011053		SR250R	3	200	10	2000	2	2.3
8011054		SR280R	3	200	10	2000	2	2.29

15.【机械名称】泥浆制作循环设备

【实物图片】

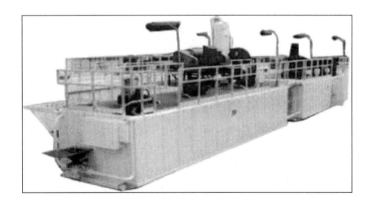

【机械用途】

泥浆制作循环设备主要为钻井施工提供充足的、经过处理的钻井液。

【计算参数】

代　号	机 具 名 称	残值率（％）	年工作台班	折旧年限	耐用总台班	大修理次数	K值
8011055	泥浆制作循环设备	3	180	10	2400	2	3.51

16.【机械名称】泥浆分离器

【实物图片】

【机械用途】

泥浆分离器主要用于桩基工程和盾构工程泥浆分离循环再利用。

【计算参数】

代　号	机 具 名 称		残值率（％）	年工作台班	折旧年限	耐用总台班	大修理次数	K 值
8011056	泥浆分离器	ZX-200	4	180	10	1800	2	3.51

17.【机械名称】泥浆搅拌机

【实物图片】

【机械用途】

泥浆搅拌机主要适用地质、煤田、石油等勘探钻孔搅拌泥浆,若加上过滤亦可用于建筑、路桥、水库、矿山、化工等行业的基础工程搅拌水泥浆。

【定额分类】

泥浆搅拌机按容量只分为 100～150L。

【计算参数】

代　　号	机　具　名　称		残值率（%）	年工作台班	折旧年限	耐用总台班	大修理次数	K 值
8011057	泥浆搅拌机	容量 100～150L	4	180	8	1440	2	3.51

18.【机械名称】袋装砂井机

【实物图片】

【机械用途】

袋装砂井机是用透水型土工织物长袋装砂砾石,设置在软土地基中形成排水砂柱,以加速软土排水固结的地基处理方法,主要用于软基处理。袋装砂井机具有结构简单、维护方便、性能稳定可靠、转移工地灵活便捷等优点,还具有塑料排水板插板机和袋装砂井桩机的双重功效。

【定额分类】

袋装砂井机按施工工艺分为带门架与不带门架。

【计算参数】

代 号	机 具 名 称			残值率（％）	年工作台班	折旧年限	耐用总台班	大修理次数	K值
8011058	袋装砂井机	不带门架	DZS	4	100	10	1000	2	3.51
8011059	袋装砂井机	带门架	DZS	4	100	10	1000	2	3.51

19.【机械名称】振冲器

【实物图片】

【机械用途】

振冲器适用于松软地基抗震加固,它通过产生水平向振动力振挤填料及周围土体,达到提高地基承载能力、减少沉降量、增加地基稳定性、提高抗地震液化能力。

【定额分类】

振冲器按功率分为13kW、30kW、55kW和75kW。

【计算参数】

代　　号	机　具　名　称				残值率(％)	年工作台班	折旧年限	耐用总台班	大修理次数	K值
8011060	振冲器	功率（kW）	13	ZCQ-13	4	100	10	1000	2	3.51
8011061			30	ZCQ-30	4	100	10	1000	2	3.51
8011062			55	ZCQ-55	4	100	10	1000	2	3.51
8011063			75	ZCQ-75	4	100	10	1000	2	3.51

20.【机械名称】螺旋钻孔机

【实物图片】

【机械用途】
　　螺旋钻孔机主要用于工程地质钻探和工程施工钻中,常用在松软地层的钻进方法。螺旋钻进又有短螺杆和长螺杆之分;短螺杆使用小型螺旋钻机,用于工程地质勘察;长螺杆用大型螺旋钻机,用于工程施工钻,口径大、深度大。

【定额分类】
　　螺旋钻孔机按钻孔直径分为400mm以内、600mm以内和800mm以内。

【计算参数】

代　号	机　具　名　称			残值率（%）	年工作台班	折旧年限	耐用总台班	大修理次数	K 值
8011064	螺旋钻孔机	钻孔直径（mm）	400 以内	4	200	8	1600	2	2.72
8011065			600 以内	4	200	8	1600	2	2.72
8011066			800 以内	3	200	8	1600	2	2.72

21.【机械名称】铣槽机

【实物图片】

【机械用途】

铣槽机适用于不同深度地下连续墙的施工、在坚硬岩石中成槽的工程,具有成槽深度深、适应地层能力强、能够套铣接头槽段等特点。

【计算参数】

代 号	机 具 名 称		残值率(%)	年工作台班	折旧年限	耐用总台班	大修理次数	K值
8011067	铣槽机	CBC25/MBC30	3	200	12	2400	2	2.31

22.【机械名称】履带式液压抓斗成槽机

【实物图片】

【机械用途】

履带式液压抓斗成槽机主要适用于不同深度地下连续墙的施工。

【计算参数】

代 号	机 具 名 称		残值率(%)	年工作台班	折旧年限	耐用总台班	大修理次数	K 值
8011068	履带式液压抓斗成槽机	KH180MHL-800	3	200	10	2000	2	2.31

23.【机械名称】履带式绳索抓斗成槽机

【实物图片】

【机械用途】

同履带式液压抓斗成槽机。

【计算参数】

代 号	机 具 名 称		残值率（%）	年工作台班	折旧年限	耐用总台班	大修理次数	K 值
8011069	履带式绳索抓斗成槽机	550A-50MHL-630	3	200	12	2400	2	7.32

24.【机械名称】液压冲击重凿机

【实物图片】

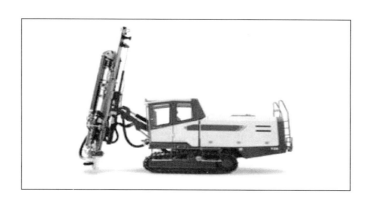

【机械用途】

液压冲击重凿机主要应用于冶金矿山、能源交通、市政工程中的岩石凿进。

【计算参数】

代号	机具名称	残值率（%）	年工作台班	折旧年限	耐用总台班	大修理次数	K值
8011070	液压冲击重凿机	3	200	14	2800	2	7.32

25.【机械名称】锁口管顶升机

【实物图片】

【机械用途】

锁口管顶升机为桩基施工设备，全部采用液压控制，利用其夹桩器夹住桩头，液压缸强制顶压夹桩器，使之向上顶升一段距离，将桩逐段拔出，能较大地减轻工人的劳动强度，有效地提高生产效率。该设备主要由主夹体、底座、副夹体、油缸、电器和液压系统等部件组成。

【计算参数】

代 号	机 具 名 称	残值率（%）	年工作台班	折旧年限	耐用总台班	大修理次数	K值
8011071	锁口管顶升机	4	160	10	1600	2	7.31

26.【机械名称】高压旋喷钻机

【实物图片】

【机械用途】

高压旋喷钻机广泛应用于建筑地基地质勘探等工程。利用旋喷设备,将带有特殊喷嘴的注浆管置入土层,以高压喷射流强力冲击土体,使浆液与土体充分搅拌混合,经凝固在土中形成固体。

【定额分类】

高压旋喷钻机按标准高度只分为18m。

【计算参数】

代号	机具名称			残值率（%）	年工作台班	折旧年限	耐用总台班	大修理次数	K值
8011072	高压旋喷钻机	标准高度18m	XP-30	4	160	10	1600	2	2.13

27.【机械名称】粉体发送设备

【实物图片】

【机械用途】

粉体发送设备通过压力发送器把压缩空气的能量传递给被输送物料,将物料批量送入管道。

【计算参数】

代 号	机 具 名 称		残值率（%）	年工作台班	折旧年限	耐用总台班	大修理次数	K值
8011073	粉体发送设备	GS-1	4	180	5	900	2	2.13

28.【机械名称】高压注浆泵

【实物图片】

【机械用途】

高压注浆泵主要用于:①各种建筑物与地下混凝土工程的裂缝、伸缩缝、施工缝、结构缝的堵漏密封。②地质钻探工程的钻井护壁堵漏加固。③水利水电工程的水库坝体灌浆、输水隧道裂缝堵漏、防渗、坝休混凝土裂缝的防渗补强。④地铁、隧道、涵洞、污水处理池、混凝土裂缝渗漏水,带水堵漏。⑤地下室、地下车库、地下通道、混凝土裂缝渗漏水,带水堵漏。⑥屋面混凝土板裂缝、穿墙管、墙角、渗漏水、带水堵漏。⑦混凝土构筑物、梁、柱、板结构裂缝、高压注射环氧树脂。

【定额分类】

高压注浆泵按排出压力只分为44MPa。

【计算参数】

代 号	机 具 名 称			残值率（%）	年工作台班	折旧年限	耐用总台班	大修理次数	K 值
8011074	高压注浆泵	排出压力44MPa	GZB-40A	4	180	8	1440	2	2.13

29.【机械名称】深层喷射搅拌机

【实物图片】

【机械用途】
深层喷射搅拌机适用于粉体喷射搅拌工法和浆体深层搅拌法,广泛应用于市政建设、铁路、公路的软土地基加固。

【定额分类】
深层喷射搅拌机按搅拌深度分为15m以内、18m以内和25m以内。

【计算参数】

代号	机具名称			残值率（%）	年工作台班	折旧年限	耐用总台班	大修理次数	K值
8011075	深层喷射搅拌机	搅拌深度（m）	15以内	GPP-5B	4	180	8	1440	2	2.13
8011076			18以内	GPP-5B	4	180	8	1440	2	2.13
8011077			25以内	GPP-5B	4	180	8	1440	2	2.13

8013　泵 类 机 械

1.【机械名称】单级离心清水泵

【实物图片】

【机械用途】
单级离心清水泵适用于工农业及城市排水、消防供水等。

【定额分类】

单级离心清水泵按动力系统分为电动和机动,按出水口直径分为 50mm 以内、100mm 以内、150mm 以内、200mm 以内和 250mm 以内。

【计算参数】

代 号	机 具 名 称				残值率(%)	年工作台班	折旧年限	耐用总台班	大修理次数	K 值
8013001	单级离心清水泵	电动	出水口直径(mm)	50 以内	2BA-36	4	120	5	960	1	2.43
8013002				100 以内	B100-40A	4	120	8	960	1	2.58
8013003				150 以内	IS200-150	4	120	8	960	1	2.58
8013004				200 以内	250S-24	4	120	8	960	1	2.59
8013005				250 以内	12H-13A	4	120	8	960	1	2.58
8013006		机动		50 以内	2BA-9	4	120	8	960	1	2.46
8013007				100 以内	4BA-12	4	120	8	960	1	2.44
8013008				150 以内	6BA-12	4	120	8	960	1	2.44
8013009				200 以内	8BA-18	4	120	8	960	1	2.44
8013010				250 以内	10SH-13A	4	120	8	960	1	2.44

2.【机械名称】多级离心清水泵

【实物图片】

【机械用途】

多级离心清水泵具有效率高、性能范围广、运行安全平稳、噪声低、寿命长、安装维修方便等特点,供输送清水或物理化学性质类似于水的其他液体。主要适用于城市高层建筑给排水及消防用水,工厂、矿山给排水,远距离输水,生产工艺循环中用水,暖通空调循环,生活用水等多种用途。

【定额分类】

多级离心清水泵按动力系统分为电动和机动。电动多级离心清水泵按出水口直径和泵送高度分为100mm以内 $H \leqslant 120m$、100mm以内 $H > 120m$、150mm以内 $H \leqslant 180m$、150mm以内 $H > 180m$。机动多级离心清水泵按出水口直径和泵送高度分为150mm以内 $H \leq 180m$ 和150mm以内 $H > 180m$。

【计算参数】

代号	机具名称			残值率（%）	年工作台班	折旧年限	耐用总台班	大修理次数	K值
8013011	多级离心清水泵	电动	出水口直径（mm）	100以内	DA1-100-6,$H \leq 120m$	4	120	8	960	1	2.43
8013012				100以内	DA1-100-8,$H > 120m$	4	120	8	960	1	2.44
8013013				150以内	DA1-150-6,$H \leq 180m$	4	120	8	960	1	2.44
8013014				150以内	DA1-150-8,$H > 180m$	4	120	8	960	1	2.44
8013015		机动		150以内	DA1-150-6,$H \leq 180m$	4	120	8	960	1	2.62
8013016				150以内	DA1-150-8,$H > 180m$	4	120	8	960	1	2.62

3.【机械名称】单级自吸式水泵

【实物图片】

【机械用途】

单级自吸式水泵供吸送清水及物理化学性质类似于水而最高温度不超过80℃的液体之用。本泵适用于工业、建筑、农业、菜园、花圃、治虫、喷灌、城市、农村供水及排水使用。

【定额分类】

单级自吸式水泵(机动)按出水口直径只分为150mm以内。

【计算参数】

代 号	机 具 名 称			残值率（%）	年工作台班	折旧年限	耐用总台班	大修理次数	K 值
8013017	单级自吸式水泵	出水口直径（mm）	150 以内	机动	4	120	8	960	1	2.39

4.【机械名称】潜水泵

【实物图片】

【机械用途】

潜水泵是深井提水的重要设备,使用时整个机组潜入水中工作,把地下水提取到地表,可用于生活用水、矿山抢险、工业冷却、农田灌溉、海水提升、轮船调载,还可用于喷泉景观。热水潜水泵用于温泉洗浴,还可适用于从深井中提取地下水,也可用于河流、水库、水渠等提水工程。主要用于农田灌溉及高山区人畜用水,也可供中央空调冷却、热泵机组、冷泵机组、城市、工厂、铁路、矿山、工地排水使用。

【定额分类】

潜水泵按出水口直径分为50mm以内、100mm以内和150mm以内。

【计算参数】

代　号	机　具　名　称			残值率（%）	年工作台班	折旧年限	耐用总台班	大修理次数	K 值
8013018	潜水泵	出水口直径（mm）	50 以内	4	120	8	960	1	5.54
8013019			100 以内	4	120	8	960	1	5.46
8013020			150 以内	4	120	8	960	1	5.49

5.【机械名称】污水泵

【实物图片】

【机械用途】
污水泵主要用于输送城市污水,粪便或液体中含有纤维、纸屑等固体颗粒的介质,通常被输送介质的温度不大于80℃。

【定额分类】
污水泵按出水口直径分为100mm以内和150mm以内。

【计算参数】

代 号	机 具 名 称			残值率（%）	年工作台班	折旧年限	耐用总台班	大修理次数	K值
8013021	污水泵	出水口直径（mm）	100 以内	4	100	8	800	1	3.3
8013022			150 以内	4	100	8	800	1	3.29

6.【机械名称】泥浆泵

【实物图片】

【机械用途】
　　泥浆泵是指在钻探过程中向钻孔里输送泥浆或水等冲洗液的机械,是钻探设备的重要组成部分。在常用的正循环钻探中,它将地表冲洗介质——清水、泥浆或聚合物冲洗液在一定的压力下,经过高压软管、水龙头及钻杆柱中心孔直送钻头的底端,以达到冷却钻头、将切削下来的岩屑清除并输送到地表的目的。

【定额分类】
　　泥浆泵按出水口直径分为50mm以内和100mm以内。

【计算参数】

代号	机具名称			残值率(%)	年工作台班	折旧年限	耐用总台班	大修理次数	K 值
8013023	泥浆泵	出水口直径(mm)	50以内	2PN	4	100	8	800	1	3.55
8013024			100以内	4PN	4	100	8	800	1	3.55

7.【机械名称】砂泵

【实物图片】

【机械用途】

砂泵用于输送含有砂粒、矿渣等的悬浮液。

【定额分类】

砂泵按出水口直径分为65mm以内、100mm以内和150mm以内。

【计算参数】

代　号	机　具　名　称			残值率（%）	年工作台班	折旧年限	耐用总台班	大修理次数	K值
8013025	砂泵	出水口直径（mm）	65以内	2.5PS	4	100	8	800	1	3.17
8013026			100以内	4PS	4	100	8	800	1	3.05
8013027			150以内	6PS	4	100	8	800	1	3.05

8.【机械名称】射流井点泵

【实物图片】

— 269 —

【机械用途】

射流井点泵适用于地下水位较深的地区或牧区解决人民生活用水、畜牧用水和小面积农田灌溉用水;在土方工程施工中,用于井点来降低基坑的地下水位等;可抽升污泥或其他含颗粒液体。

【定额分类】

射流井点泵按最大抽吸深度只分为 10m 以内。

【计算参数】

代 号	机 具 名 称		残值率(%)	年工作台班	折旧年限	耐用总台班	大修理次数	K 值
8013028	射流井点泵	最大抽吸深度 10m	4	130	8	1040	1	3.05

9.【机械名称】真空泵

【实物图片】

【机械用途】

真空泵采用真空吸水工艺,可解决干硬性混凝土施工操作的困难,并可提高混凝土在未凝结硬化前的表层结构强度,能有效防治表面缩裂和防冻等性能,缩短整平、抹面、拉毛、拆模工序的间隔时间,为混凝土施工机械化连续作业创造条件。

【定额分类】

真空泵按最大抽吸速度分为 $204m^3/h$ 和 $600m^3/h$。

【计算参数】

代 号	机 具 名 称		残值率（%）	年工作台班	折旧年限	耐用总台班	大修理次数	K值
8013029	真空泵	最大抽吸速度204m³/h	4	80	8	640	1	3.05
8013030		最大抽吸速度600m³/h	4	80	8	640	1	3.05

10.【机械名称】油泵

【实物图片】

【机械用途】

油泵在输油系统中可用作传输、增压泵。

【定额分类】

油泵按型号分为50Fs-25、100Fs-37A和ZB4-500。

【计算参数】

代号	机具名称		残值率（%）	年工作台班	折旧年限	耐用总台班	大修理次数	K值
8013031	油泵	50Fs-25	4	130	8	1040	1	3.4
8013032		100Fs-37A	4	130	8	1040	1	3.38
8013033		ZB4-500	4	130	8	1040	1	3.14

8015　金属、木、石料加工机械

1.【机械名称】钢筋调直切断机

【实物图片】

【机械用途】

钢筋调直切断机适用于生产铁路护栏、高速公路护栏、养殖笼具、五金制品、保温隔热网、建筑钢材等专业调直,以及混凝土构件生产厂和建筑施工中对圆形钢筋盘条的调直与切断。

【定额分类】

钢筋调直切断机按直径只分为14mm以内。

【计算参数】

代 号	机 具 名 称			残值率(%)	年工作台班	折旧年限	耐用总台班	大修理次数	K值
8015001	钢筋调直切断机	直径(mm)	14以内	GT4-14 调直切断	4	100	8	800	1	2.7

2.【机械名称】钢筋切断机

【实物图片】

【机械用途】

钢筋切断机是一种剪切钢筋所使用的工具。与其他切断设备相比,它具有质量轻、耗能少、工作可靠、效率高等特点,因此近年来被机械加工和小型轧钢厂广泛采用。

【定额分类】

钢筋切断机按直径只分为40mm以内。

【计算参数】

代　号	机　具　名　称				残值率(%)	年工作台班	折旧年限	耐用总台班	大修理次数	K 值
8015002	钢筋切断机	直径(mm)	40以内	GJ40	4	100	8	800	1	4.5

3.【机械名称】钢筋弯曲机

【实物图片】

【机械用途】

钢筋弯曲机是一种工程用钢筋弯曲设备。

【定额分类】

钢筋弯曲机按直径只分为40mm以内。

【计算参数】

代 号	机 具 名 称			残值率(%)	年工作台班	折旧年限	耐用总台班	大修理次数	K值
8015003	钢筋弯曲机	直径(mm)	40以内	GW40	4	100	8	800	1	5.21

4.【机械名称】钢筋直螺纹滚丝机

【实物图片】

【机械用途】

钢筋直螺纹滚丝机主要用于建筑工程带肋钢滚轧直螺纹丝头,是实现钢筋连接的关键设备。螺纹丝头通止环规、长度规等滚丝机是用切削与滚轧螺纹一次成形来达到钢筋端头强化和螺纹加工的目的,解决了钢筋在加工前钢筋端头进行预处理的问题,以及同类的设备需多次数轧成的问题,这使现场减少了加工工序和多次钢筋搬运,提高了现场生产加工效率;滚丝机利用一个滚丝头可实现对多种规格钢筋进行滚轧加工,解决了同类设备对钢筋端头加工直螺纹需每种规格一个滚丝头的状况。

【定额分类】

钢筋直螺纹滚丝机按直径只分为40mm以内。

【计算参数】

代 号	机 具 名 称				残值率（％）	年工作台班	折旧年限	耐用总台班	大修理次数	K 值
8015004	钢筋直螺纹滚丝机	直径(mm)	40以内	BGS-40	4	80	8	640	1	5.2

5.【机械名称】钢筋镦头机

【实物图片】

【机械用途】
钢筋镦头机是将钢筋端部镦粗,作为预应力钢筋或冷拉时钢筋的锚固头的机械。
【定额分类】
钢筋镦头机按直径只分为14mm以内。
【计算参数】

代 号	机 具 名 称				残值率(%)	年工作台班	折旧年限	耐用总台班	大修理次数	K 值
8015005	钢筋镦头机	直径(mm)	14 以内	LD10 含油泵	4	100	9	900	1	4.16

6.【机械名称】数控钢筋弯箍机

【实物图片】

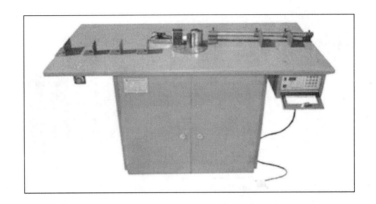

【机械用途】
数控钢筋弯箍机主要适用于建筑冷轧带肋钢筋、热轧三级钢筋、冷轧光圆钢筋和热轧盘圆钢筋的弯钩和弯箍。

【计算参数】

代号	机具名称	残值率（%）	年工作台班	折旧年限	耐用总台班	大修理次数	K值
8015006	数控钢筋弯箍机	4	120	10	1200	1	5.19

7.【机械名称】数控立式钢筋弯曲中心

【实物图片】

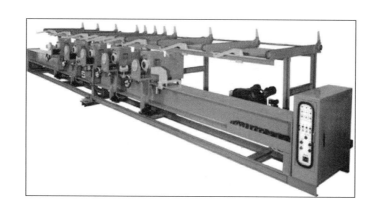

【机械用途】

数控立式钢筋弯曲中心是专为高层建筑、高速公路、高速铁路、大型桥梁等工程混凝土结构内主骨架钢筋的弯曲加工高性能产品,最大能加工直径32mm的高强度螺纹钢。特点是中间有一个钢筋加紧机构,有两个机头在特定的轨道上可以自由移动弯曲。具备在一个工作单元内同时进行双向弯曲的加工能力。

【计算参数】

代 号	机 具 名 称	残值率（%）	年工作台班	折旧年限	耐用总台班	大修理次数	K值
8015007	数控立式钢筋弯曲中心	4	120	10	1200	1	5.19

8.【机械名称】全自动钢筋笼滚焊机

【实物图片】

【机械用途】

全自动钢筋笼滚焊机是一种由 PLC 控制的加工生产钢筋笼的设备,该设备结束了钢筋笼一贯手工捆绑的历史,为我国桥梁、高铁的制造提高了效率。

【计算参数】

代 号	机 具 名 称	残值率（%）	年工作台班	折旧年限	耐用总台班	大修理次数	K值
8015008	全自动钢筋笼滚焊机	4	120	10	1200	1	5.2

9.【机械名称】钢筋挤压连接机

【实物图片】

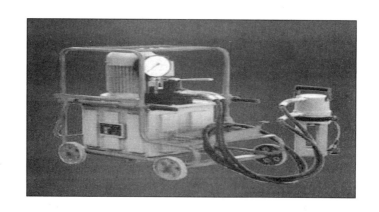

【机械用途】

钢筋挤压连接机是将待连接钢筋插入挤压套筒中,用挤压钳挤压套筒,使之产生塑性变形与带肋的钢筋表面紧密压合形成的接头。

【定额分类】

钢筋挤压连接机按直径只分为 $d \leqslant 45mm$。

【计算参数】

代 号	机 具 名 称		残值率(%)	年工作台班	折旧年限	耐用总台班	大修理次数	K值
8015009	钢筋挤压连接机	$d \leqslant 45\text{mm}$	4	100	8	800	1	2.24

10.【机械名称】钢丝缠束机

【实物图片】

【机械用途】

钢丝缠束机是一种用于钢丝、焊丝、线缆等线材的缠绕包装设备。

【计算参数】

代 号	机 具 名 称	残值率（％）	年工作台班	折旧年限	耐用总台班	大修理次数	K值
8015010	钢丝缠束机	4	100	8	800	1	3.14

11.【机械名称】钢缆缠丝机

【实物图片】

【机械用途】

钢缆缠丝机是一种用于钢缆缠绕包装的设备。

【定额分类】

钢缆缠丝机按缆径只分为 800mm 以内。

【计算参数】

代 号	机 具 名 称		残值率（％）	年工作台班	折旧年限	耐用总台班	大修理次数	K 值
8015011	钢缆缠丝机	缆径 800mm 以内	3	180	10	1800	1	2.13

12.【机械名称】钢缆压紧机

【实物图片】

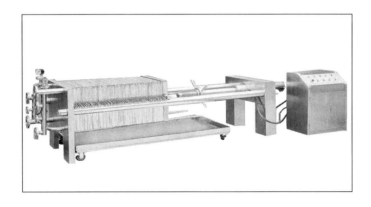

【机械用途】

钢缆压紧机是一种用于钢缆压紧的设备。

【定额分类】

钢缆压紧机按缆径只分为800mm以内。

【计算参数】

代　号	机　具　名　称		残值率（%）	年工作台班	折旧年限	耐用总台班	大修理次数	K值
8015012	钢缆压紧机	缆径800mm以内	3	180	10	1800	1	2.13

13.【机械名称】木工圆锯机

【实物图片】

【机械用途】

木工圆锯机除了利用圆锯片进行纵向、横向锯割各种方材、板材、胶合板外,又可成一定角度锯割。纵向锯割时,木材相对旋转的锯片移动,实现对木材的纵剖;横向锯割时,可进行横截、截头、锯斜边、切槽等工艺加工。

【定额分类】

木工圆锯机按锯片直径分为500mm以内、600mm以内和1000mm以内。

【计算参数】

代 号	机 具 名 称			残值率（%）	年工作台班	折旧年限	耐用总台班	大修理次数	K值
8015013	木工圆锯机	锯片直径（mm）	500 以内	MJ-106	4	150	8	1200	1	2.17
8015014			600 以内	MJ-109	4	150	8	1200	1	2.19
8015015			1000 以内	MJ-109	4	150	8	1200	1	2.19

14.【机械名称】木工带锯机(带跑车)

【实物图片】

【机械用途】

木工带锯机(带跑车)应用机器的力量来代替工人在制造各种器具时一部分锯割木材的体力劳动,提高生产效率,主要用于木工纵锯、横锯各种规格的非金属类的塑料、尼龙锯切。

【定额分类】

木工带锯机(带跑车)按锯轮直径只分为1250mm以内。

【计算参数】

代号	机具名称		残值率(%)	年工作台班	折旧年限	耐用总台班	大修理次数	K值
8015016	木工带锯机（带跑车）	锯轮直径1250mm以内	MDJ1250	4	200	8	1600	1	2.28

15.【机械名称】木工平刨床

【实物图片】

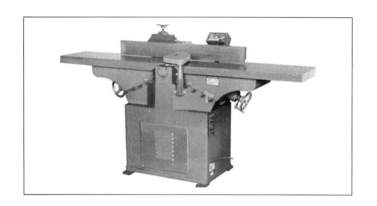

【机械用途】
　　木工平刨床是将毛料的被加工表面加工成平面,使被加工表面成为后续工序所要求的加工和测量基准面;也可以加工与基准面相邻的一个表面,使其与基准面成一定的角度,加工时相邻表面可以作为辅助基准面。

【定额分类】
　　木工平刨床按刨削宽度分为300mm以内和450mm以内。

【计算参数】

代　号	机具名称			残值率（%）	年工作台班	折旧年限	耐用总台班	大修理次数	K值
8015017	木工平刨床	刨削宽度（mm）	300以内	MB503A	4	180	8	1440	1	3.92
8015018			450以内	MB504B	4	180	8	1440	1	3.92

16.【机械名称】木工压刨床

【实物图片】

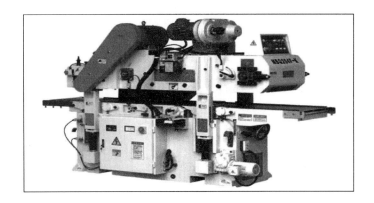

【机械用途】

木工压刨床是对木材表面进行一次或者多次的刨切,使得木材的相对面(相对于基准面)具有一定的光洁平面和工艺设计需要的厚度,便于下一个工序加工的设备。

【定额分类】

木工压刨床按刨削宽度分为单面宽度600mm以内、双面宽度600mm以内、三面宽度400mm以内和四面宽度300mm以内。

【计算参数】

代 号	机 具 名 称				残值率(%)	年工作台班	折旧年限	耐用总台班	大修理次数	K值
8015019	木工压刨床	单面	刨削宽度(mm)	600以内	MB106	4	180	8	1440	1	2.77
8015020		双面		600以内	MB206A	4	180	8	1440	1	2.76
8015021		三面		400以内	MB304	4	180	8	1440	1	2.28
8015022		四面		300以内	MB403	4	180	8	1440	1	2.28

17.【机械名称】木工开榫机

【实物图片】

【机械用途】
木工开榫机主要适用于木料出榫作业。

【定额分类】
木工开榫机按长度只分为160mm以内。

【计算参数】

代　号	机 具 名 称			残值率（％）	年工作台班	折旧年限	耐用总台班	大修理次数	K 值
8015023	木工开榫机	长度160mm以内	MX2116A	4	180	8	1440	1	2.55

18.【机械名称】木工打眼机

【实物图片】

【机械用途】
木工打眼机主要适用于木料上的钻孔榫眼,是一种既保留传统家具制作工艺,又能高效地机械化生产的木工机械。

【定额分类】
木工打眼机按钻孔直径只分为50mm以内。

【计算参数】

代　号	机　具　名　称			残值率(%)	年工作台班	折旧年限	耐用总台班	大修理次数	K 值
8015024	木工打眼机	钻孔直径50mm以内	MK515A	4	180	8	1440	1	3.07

19.【机械名称】木工裁口机(多面)

【实物图片】

【机械用途】

木工裁口机(多面)主要适用于木板的裁口。

【定额分类】

木工裁口机(多面)按宽度只分为50mm以内。

【计算参数】

代号	机具名称		残值率(%)	年工作台班	折旧年限	耐用总台班	大修理次数	K值
8015025	木工裁口机(多面)	宽度50mm以内	4	180	8	1440	1	2.54

20.【机械名称】木工榫槽机

【实物图片】

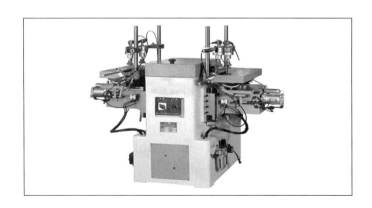

【机械用途】

木工榫槽机主要用于方材、木框等零件或组件表面上加工方形或矩形的榫槽。

【定额分类】

木工榫槽机按榫槽深度只分为100mm以内。

【计算参数】

代号	机具名称			残值率(%)	年工作台班	折旧年限	耐用总台班	大修理次数	K值
8015026	木工榫槽机	榫槽深度100mm以内	MK362	4	200	8	1600	1	3

21.【机械名称】交流电弧焊机

【实物图片】

【机械用途】

交流电弧焊机是利用正负两极在瞬间短路时产生的高温电弧来熔化电焊条上的焊料和被焊材料,来达到使它们结合的目的。交流电焊机由于制造简单、价格便宜、效率高,因此是机械设备维修中常用的设备之一。

【定额分类】

交流电弧焊机按电流容量分为21kV·A以内、32kV·A以内、42kV·A以内、50kV·A以内和80kV·A以内。

【计算参数】

代 号	机 具 名 称			残值率(%)	年工作台班	折旧年限	耐用总台班	大修理次数	K 值
8015027	交流电弧焊机	容量(kV·A)	21 以内	BX1-220	4	150	10	1500	1	4.24
8015028			32 以内	BX1-330	4	150	10	1500	1	4.2
8015029			42 以内	BX2-500	4	150	10	1500	1	4.25
8015030			50 以内	BX2-700	4	150	10	1500	1	4.26
8015031			80 以内		4	150	10	1500	1	4.24

22.【机械名称】直流电弧焊机

【实物图片】

【机械用途】

直流电弧焊机可用于所有牌号焊条直流手工电弧焊接；无级调节焊接电流，电流调节方便，保证不同焊接情况下电弧的稳定性；适用于焊接低碳钢、中碳钢、低合金钢及铸件等。

【定额分类】

直流电弧焊机按功率分为10kW以内、15kW以内、20kW以内和32kW以内。

【计算参数】

代号	机 具 名 称			残值率（%）	年工作台班	折旧年限	耐用总台班	大修理次数	K值
8015032	直流电弧焊机	功率（kW）	10以内	AX3-300	4	150	10	1500	1	3.12
8015033			15以内	AX-320	4	150	10	1500	1	3.11
8015034			20以内		4	150	10	1500	1	3.08
8015035			32以内	AX-500	4	150	10	1500	1	3.11

23.【机械名称】硅整流电弧焊机

【实物图片】

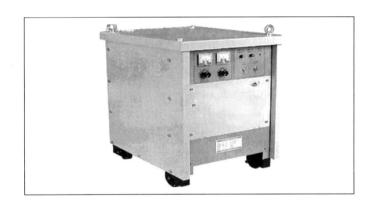

【机械用途】

硅整流电弧焊机可用于所有牌号焊条的直流手工电弧焊接,对低、中碳钢及低合金钢等材质的主要构件进行全位置焊接,也可用于 TIG 焊。设有推、吹力电流装置且可调,不易发生引弧不良和焊条黏附现象,可控制焊接飞溅大小。控制板具有温度补偿功能,其工作温度为 $-20℃ \sim +80℃$。焊机动特性好,噪声小,电弧稳定,飞溅小,电流弹性好,熔深大。焊缝成形美观。

【定额分类】

硅整流电弧焊机按电流容量分为 15kV·A 以内和 20kV·A 以内。

【计算参数】

代　号	机　具　名　称			残值率（%）	年工作台班	折旧年限	耐用总台班	大修理次数	K 值
8015036	硅整流电弧焊机	容量（kV·A）	15 以内	4	140	8	1120	1	3.08
8015037			20 以内	4	140	8	1120	1	3.1

24.【机械名称】氩弧焊机

【实物图片】

【机械用途】

氩弧焊机几乎可焊接所有的金属材料,特别适合焊接化学性质活泼的金属及其合金。通常多用于焊接铝、镁、钛、铜及其合金,低合金钢、不锈钢、耐热钢等。适用于焊接易氧化的有色金属和合金钢(目前主要用 Al、Mg、Ti 及其合金和不锈钢的焊接)。

【定额分类】

氩弧焊机按电流只分为 500A 以内。

【计算参数】

代　号	机　具　名　称		残值率(%)	年工作台班	折旧年限	耐用总台班	大修理次数	K 值
8015038	氩弧焊机	电流(A)	500 以内	4	80	8	640	1	3.1

25.【机械名称】CO_2 保护焊机

【实物图片】

【机械用途】

CO_2 保护焊机采用明弧焊接,熔池可见度好,操作方便,适合于全位置焊接;且有利于焊接过程中的机械化和自动化,特别是空间位置的机械化焊接。电弧在保护气体的压缩下热量集中,焊接速度较快、熔池小、热影响区窄,焊件焊后的变形小、抗裂性能好,尤其适合薄板焊接。

【定额分类】

CO_2 保护焊机按电流只分为 250A 以内。

【计算参数】

代 号	机 具 名 称			残值率(%)	年工作台班	折旧年限	耐用总台班	大修理次数	K值
8015039	CO_2保护焊机	电流(A)	250以内	4	80	8	640	1	3.09

26.【机械名称】等离子弧焊机

【实物图片】

【机械用途】
　　等离子弧是采用等离子焊炬压缩自由电弧,形成的高温、高电离度和高能量密度的电弧。利用等离子弧焊机进行焊接,具有能量密度高、热量集中的特点。因此熔深较大,焊缝热影响区小,易得到高质量的焊接缝成形。

【定额分类】

等离子弧焊机按电流只分为300A以内。

【计算参数】

代 号	机 具 名 称			残值率（%）	年工作台班	折旧年限	耐用总台班	大修理次数	K值
8015040	等离子弧焊机	电流(A)	300以内	4	80	8	640	1	3.1

27.【机械名称】等离子切割机

【实物图片】

【机械用途】

等离子切割机广泛应用于汽车、机车、压力容器、化工机械、核工业、通用机械、工程机械、钢结构等领域。等离子切割机配合不同的工作气体,可以切割各种氧气切割难以切割的金属,尤其是对于有色金属(不锈钢、铝、铜、钛、镍)切割效果更佳。其主要优点在于切割厚度不大的金属的时候,等离子切割速度快;在切割普通碳素钢薄板时,速度可达氧气切割法的 5~6 倍,切割面光洁、热变形小,几乎没有热影响区。

【定额分类】

等离子切割机按电流只分为 400A 以内。

【计算参数】

代　号	机 具 名 称		残值率(%)	年工作台班	折旧年限	耐用总台班	大修理次数	K 值
8015041	等离子切割机	电流(A)	400 以内	4	140	8	1120	1	3.1

28.【机械名称】半自动切割机

【实物图片】

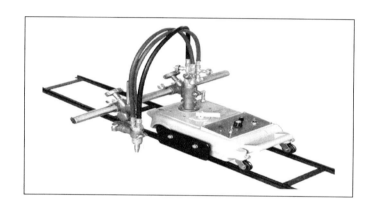

【机械用途】

半自动切割机俗称半自动气割机,是使用中压和高压氧气(或丙烷)切割厚度大于 5mm 的钢板作直线切割为主的多用气割机,同时也可以作圆周切割及斜面切割和 V 形切割。一般情况下,切割后可不再进行切削加工。

【定额分类】

半自动切割机按厚度只分为 100mm。

【计算参数】

代 号	机 具 名 称		残值率(%)	年工作台班	折旧年限	耐用总台班	大修理次数	K值
8015042	半自动切割机	厚度100mm	4	130	8	1040	1	3.07

29.【机械名称】自动埋弧焊机

【实物图片】

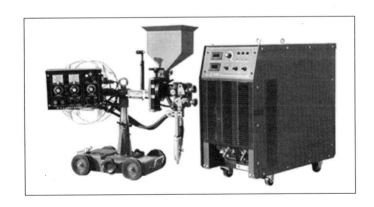

【机械用途】

自动埋弧焊机是采用熔剂层下自动焊接的设备。配用交流焊机作为电弧电源,适用于水平位置或与水平位置倾斜不大于10°的各种有、无坡口的对接焊缝、搭接焊缝和角焊缝。与普通手工弧焊相比,具有生产效率高、焊缝质量好、节省焊接材料和电能、焊接变形小及改善劳动条件等突出优点。

【定额分类】

自动埋弧焊机按电流分为500A以内、1200A以内和1500A以内。

【计算参数】

代　号	机　具　名　称			残值率(％)	年工作台班	折旧年限	耐用总台班	大修理次数	K值
8015043	自动埋弧焊机	电流(A)	500以内　MZ-500	4	150	8	1200	1	3.1
8015044			1200以内　MZ-1000	4	150	8	1200	1	3.1
8015045			1500以内　MZ-1500	4	150	8	1200	1	3.1

30.【机械名称】交流对焊机

【实物图片】

【机械用途】
　　交流对焊机由于其焊接灵活、简单方便、牢固可靠,焊接后甚至与母材同等强度的优点,广泛应用于航空航天、船舶、汽车、容器等工业领域。

【定额分类】
　　交流对焊机按电流容量分为25kV·A以内、75kV·A以内、100kV·A以内和150kV·A以内。

【计算参数】

代 号	机 具 名 称			残值率(%)	年工作台班	折旧年限	耐用总台班	大修理次数	K值
8015046	交流对焊机	容量(kV·A)	25 以内	UN1-25	4	150	8	1200	1	4.19
8015047			75 以内	UN1-75	4	150	8	1200	1	4.17
8015048			100 以内	UN1-100	4	150	8	1200	1	4.19
8015049			150 以内	LM-150-2	4	150	8	1200	1	4.19

31.【机械名称】缝焊机

【实物图片】

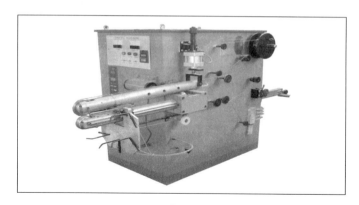

【机械用途】

缝焊机广泛应用于油桶、罐头罐、暖气片、飞机和汽车油箱,以及喷气发动机、火箭、导弹中密封容器的薄板焊接。

【定额分类】

缝焊机按电流容量只分为150kV·A以内。

【计算参数】

代　号	机　具　名　称		残值率(%)	年工作台班	折旧年限	耐用总台班	大修理次数	K值
8015050	缝焊机	容量(kV·A) 150以内	4	130	8	1040	1	4.19

32.【机械名称】交流点焊机

【实物图片】

【机械用途】

交流点焊机是一种能将工件牢牢焊接在一起的机器,由降压变压器、电流调节器和散热系统以及焊接导线、把手等附件组成。焊接时不必使用电焊条,只需把拟焊接的两工件分别作为电路的两个电极,利用接触电阻处产生的高温,将金属瞬间熔化,从而将工件牢牢焊接在一起。

【定额分类】

交流点焊机按电流容量、焊臂长短和焊头,分为短臂容量50kV·A以内、长臂容量75kV·A以内、长臂容量100kV·A以内和多头6×35。

【计算参数】

代 号	机 具 名 称				残值率(%)	年工作台班	折旧年限	耐用总台班	大修理次数	K值
8015051	交流点焊机	短臂	容量(kV·A)	50 以内	DN1-50	4	150	10	1500	1	3.47
8015052		长臂		75 以内	DN1-75	4	150	10	1500	1	3.47
8015053				100 以内	DN1-100	4	150	10	1500	1	3.45
8015054		多头		6×35		4	150	10	1500	1	3.46

33.【机械名称】电焊条烘干箱

【实物图片】

【机械用途】

电焊条由于在制造、运输、储存过程中渗入了水分,在使用前必须进行烘干以去除药皮中的水分,否则药皮中的水分在焊接过程时分解出来的氢将残留在焊缝周围的金属中,致使焊缝产生冷裂缝,发生焊接质量事故。另外,电焊条烘干箱还可以作为焊条烘干后的保温箱。

【定额分类】

电焊条烘干箱按容量分为 45cm×35cm×45cm、55cm×45cm×55cm、60cm×50cm×75cm 和 80cm×80cm×100cm。

【计算参数】

代 号	机 具 名 称			残值率（%）	年工作台班	折旧年限	耐用总台班	大修理次数	K 值
8015056	电焊条烘干箱	容量（cm×cm×cm）	45×35×45	4	150	6	900	1	2.03
8015057			55×45×55	4	150	6	900	1	2.04
8015058			60×50×75	4	150	6	900	1	2.03
8015059			80×80×100	4	150	6	900	1	2.03

34.【机械名称】颚式破碎机

【实物图片】

【机械用途】

颚式破碎机俗称颚破,又名老虎口,是由动颚和静颚两块颚板组成破碎腔,模拟动物的两颚运动而完成物料破碎作业的破碎机。它广泛应用于矿山冶炼、建材、公路、铁路、水利和化工等行业中各种矿石与大块物料的破碎。被破碎物料的最高抗压强度为320MPa。

【定额分类】

颚式破碎机分为电动和机动。按装料口径,电动分为150mm×250mm、250mm×400mm、250mm×500mm、400mm×600mm、500mm×750mm和600mm×900mm;机动分为150mm×250mm和250mm×400mm。

【计算参数】

代 号	机 具 名 称				残值率（%）	年工作台班	折旧年限	耐用总台班	大修理次数	K 值
8015060	颚式破碎机	电动	装料口径（mm×mm）	150×250	PE150×250	4	160	8	1280	1	13.74
8015061				250×400	PE250×400	4	160	8	1280	1	13.77
8015062				250×500	PE250×500	4	160	8	1280	1	13.79
8015063				400×600	PE400×600	4	160	8	1280	1	13.77
8015064				500×750	PE500×750	4	160	8	1280	1	13.78
8015065				600×900	PE600×900	4	160	8	1280	1	13.77
8015066		机动		150×250	PEF250×150	4	160	8	1280	1	13.72
8015067				250×400	PEF400×250	4	160	8	1280	1	13.77

35.【机械名称】反击式破碎机

【实物图片】

【机械用途】

反击式破碎机又叫反击破,主要用于冶金、化工、建材、水电等经常需要搬迁作业的物料加工,特别是用于高速公路、铁路、水电工程等流动性石料的作业,可根据加工原料的种类、规模和成品物料要求的不同,采用多种配置形式。反击式破碎机能处理边长 100～500mm 以下物料,其抗压强度最高可达 350MPa,具有破碎比大、破碎后物料呈立方体颗粒等优点。它广泛应用于建材、矿石破碎、铁路、高速公路、能源、交通、水泥、矿山、化工等行业中用来中细碎物料,其排料粒度大小可以调节,破碎规格多样化。

【定额分类】

反击式破碎机按生产能力分为 20t/h 以内、30t/h 以内、60t/h 以内、100t/h 以内、120t/h 以内、140t/h 以内、160t/h 以内和 180t/h 以内。

【计算参数】

代　号	机　具　名　称			残值率（%）	年工作台班	折旧年限	耐用总台班	大修理次数	K 值
8015068	反击式破碎机	生产能力（t/h）	20 以内	PFY607	4	140	9	1260	1	13.78
8015069			30 以内	PFY807	4	140	9	1260	1	13.77
8015070			60 以内	PFY1007	4	140	9	1260	1	13.78
8015071			100 以内	PFY1010	4	140	9	1260	1	13.77
8015072			120 以内	PFY1013	4	140	9	1260	1	13.77
8015073			140 以内	PFY1210	4	140	9	1260	1	13.78
8015074			160 以内	PFY1212	4	140	9	1260	1	13.78
8015075			180 以内	PFY1214	4	140	9	1260	1	13.77

36.【机械名称】圆锥破碎机

【实物图片】

【机械用途】

圆锥破碎机适用于冶金、建筑、筑路、化学及硅酸盐行业中原料的破碎,其破碎比大、效率高、能耗低,产品粒度均匀,适合中碎和细碎各种矿石,岩石。

【计算参数】

代　号	机 具 名 称	残值率(%)	年工作台班	折旧年限	耐用总台班	大修理次数	K值
8015076	圆锥破碎机	4	140	9	1260	1	13.77

37.【机械名称】打磨机

【实物图片】

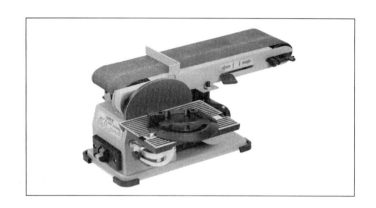

【机械用途】

打磨机(又名锉磨机)广泛用于模具行业的精加工及表面抛光处理,是一款同类气动产品的替代品。主要突出特点如下:①高功率电机在整个作业范围内均可实现强大磨削性能,可达到150%的负载;②使用一整套安全方案:触摸式启动、自动停止、无磨损电子刹停系统EBS、快速夹紧系统QUICKin、断电重启锁定以及软起动;③强劲的自承式马达构造,开关模块防尘,坚固耐用。

【计算参数】

代 号	机 具 名 称	残值率（%）	年工作台班	折旧年限	耐用总台班	大修理次数	K值
8015077	打磨机	4	140	10	1400	1	2.62

38.【机械名称】振动给料机

【实物图片】

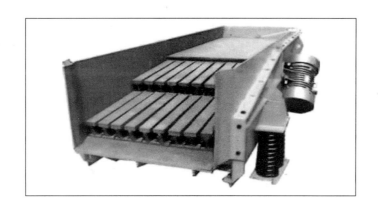

【机械用途】

振动给料机又称振动喂料机。振动给料机在生产流程中，可把块状、颗粒状物料从储料仓中均匀、定时、连续地给到受料装置中去，在砂石生产线中可为破碎机械连续均匀地喂料，并对物料进行粗筛分，广泛用于冶金、煤矿、选矿、建材、化工、磨料等行业的破碎、筛分联合设备中。

【计算参数】

代 号	机 具 名 称	残值率(%)	年工作台班	折旧年限	耐用总台班	大修理次数	K值
8015078	振动给料机	4	140	10	1400	1	2.64

39.【机械名称】制砂机

【实物图片】

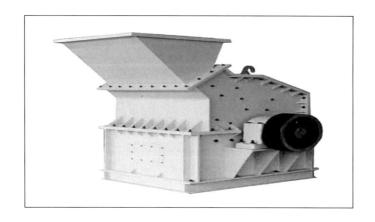

【机械用途】

制砂机适用于软或中硬和极硬物料的破碎,广泛应用于冶炼、建材、公路、铁路、水利和化学工业等部门。

【计算参数】

代 号	机 具 名 称	残值率(%)	年工作台班	折旧年限	耐用总台班	大修理次数	K 值
8015079	制砂机	4	140	10	1400	1	2.64

40.【机械名称】筛洗石子机

【实物图片】

【机械用途】

筛洗石子机能有效去除石子表面的污渍、石屑等杂质,从而提高石子与水泥的亲合力,增强混凝土的整体强度,广泛适用于公路、铁路、桥梁、水利等各类施工工程。

【定额分类】

筛洗石子机按生产率只分为 $10m^3/h$。

【计算参数】

代　号	机 具 名 称		残值率(%)	年工作台班	折旧年限	耐用总台班	大修理次数	K 值
8015080	筛洗石子机	生产率 $10m^3/h$	4	100	8	800	1	2.57

41.【机械名称】滚筒式筛分机

【实物图片】

【机械用途】

滚筒式筛分机通常适用于石料场、砂石场、煤炭行业和化工选矿行业。其结构简单可靠、运行平稳,具有密封好、无污染、噪声小、换网快捷、分级细、分选比例大、产量高、分选准确、故障率低、维修方便等优点,特别适用于砂石料场的分级使用。

【定额分类】

滚筒式筛分机按生产率只分为 $8\sim20m^3/h$。

【计算参数】

代 号	机 具 名 称			残值率（%）	年工作台班	折旧年限	耐用总台班	大修理次数	K 值
8015081	滚筒式筛分机	生产率 8～20m³/h	YTSX1200×6000	4	150	8	1200	1	3.5

42.【机械名称】惯性振动筛

【实物图片】

【机械用途】

惯性振动筛适用于矿山、冶金、化工、建材、轻工等行业对非金属物料的筛分之用。

【定额分类】

惯性振动筛按生产率只分为 100~300t/h。

【计算参数】

代 号	机 具 名 称		残值率（%）	年工作台班	折旧年限	耐用总台班	大修理次数	K 值
8015082	惯性振动筛	生产率 100~300t/h	$SZ_2 1500 \times 3000$	4	140	10	1400	1	2.64

43.【机械名称】偏心振动筛

【实物图片】

【机械用途】

偏心振动筛依靠振动的作用来进行工作,振动筛上的偏心激振器采用刚性振动,而振动筛上的振幅不会轻易改变,也不会随着给料量发生变化;在靠近振动筛中部的部分,其主要特征是不受振动筛筛箱载荷因素的影响,在一定程度上可避免因给料过多而发生筛孔堵塞的现象,适用于粗、中粒度物料的筛分。

【定额分类】

偏心振动筛按生产率只分为120t/h。

【计算参数】

代 号	机 具 名 称			残值率(%)	年工作台班	折旧年限	耐用总台班	大修理次数	K 值
8015083	偏心振动筛	生产率120t/h	$SBZ_2 1250 \times 3000$	4	140	10	1400	1	2.64

44.【机械名称】圆振动筛

【实物图片】

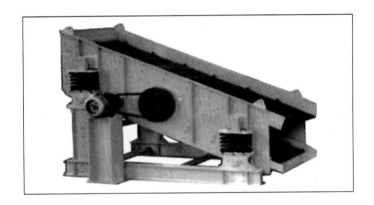

【机械用途】

圆振动筛是一种做圆形振动、多层数、高效新型振动筛。它采用筒体式偏心轴激振器及偏块调节振幅,物料筛淌线长、筛分规格多,具有结构可靠、激振力强、筛分效率高、振动噪声小、坚固耐用、维修方便、使用安全等特点,广泛应用于矿山、建材、交通、能源、化工等行业的产品分级。

【计算参数】

代　号	机 具 名 称	残值率（％）	年工作台班	折旧年限	耐用总台班	大修理次数	K值
8015084	圆振动筛	4	140	10	1400	1	2.64

45.【机械名称】型材切割机

【实物图片】

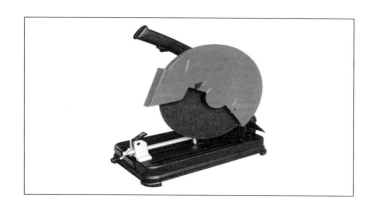

【机械用途】
型材切割机采用单相交流串励电动机为动力,通过传动机构驱动平形砂轮片切割金属工具,具有安全可靠、劳

动强度低、生产效率高、切断面平整光滑等优点,适用于交流50/60Hz,额定电压220V。广泛应用于圆形钢管、异形钢管、铸铁管、圆钢、槽钢、角钢、扁钢等型材的切割加工。

【定额分类】

型材切割机按锯片直径只分为400mm以内。

【计算参数】

代号	机具名称		残值率(%)	年工作台班	折旧年限	耐用总台班	大修理次数	K值
8015085	型材切割机	锯片直径400mm以内	4	100	4	400	1	20.99

46.【机械名称】抛丸除锈机

【实物图片】

【机械用途】
抛丸除锈机用于钢板和型钢等原材料以及复杂的钢结构件做涂装前的表面预处理。

【定额分类】
抛丸除锈机按直径分为219mm、500mm 和 1000mm。

【计算参数】

代　号	机　具　名　称			残值率(%)	年工作台班	折旧年限	耐用总台班	大修理次数	K 值
8015086	抛丸除锈机	直径(mm)	219	4	150	10	1500	1	2.03
8015087			500	4	150	10	1500	1	2.03
8015088			1000	4	150	10	1500	1	2.03

8017 动力机械

1.【机械名称】柴油发电机组

【实物图片】

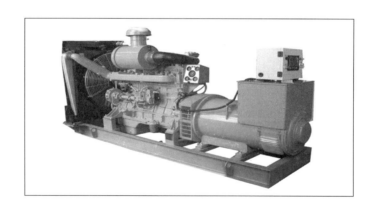

【机械用途】

柴油发电机组是以柴油为主燃料的一种发电设备,以柴油发动机为原动力带动发电机发电,把动能转换成电能和热能的动力设备、机械设备。柴油发电机组属于混合动力装置,是一种操作维修方便、投资少、工作可靠、性能稳定、启动迅速,并能很快达到全功率以及对环境适应性能较强的发电装置。广泛应用在无交流电源建筑、市政、公路工程等施工中。

作为发电设备,柴油发电机组有着一些独特的优点:①体积相对较小,灵活便捷,方便移动。②操作方便,简单易控制。③能源原料(燃油)来源广泛,容易得到。④一次性投资较少。⑤启动快,可以快速供电和快速停止发电。⑥供电平稳,供电质量可以通过技术改进得以提高。⑦可以对负载进行点对点的直接供电。⑧受各种自然气候和地理环境影响较小,能全天候发电。因为这些优点,柴油发电机组被视为备用和应急电源的较佳选择。

【定额分类】

标准型柴油发电机组按功率分为 5kW 以内、15kW 以内、30kW 以内、50kW 以内、75kW 以内、100kW 以内、120kW、160kW 以内、200kW 以内、250kW 以内和 320kW 以内。

【计算参数】

代 号	机 具 名 称			残值率(%)	年工作台班	折旧年限	耐用总台班	大修理次数	K 值
8017001	柴油发电机组	功率(kW)	5 以内	5GF1	4	150	12	1800	5	3.31
8017002			15 以内	12GF1	4	150	12	1800	6	3.31
8017003			30 以内	30GFY-2	4	150	12	1800	6	3.31
8017004			50 以内	50GFY-2	4	150	12	1800	6	3.31
8017005			75 以内	75GFY-4	4	150	12	1800	6	3.31
8017006			100 以内	90GFZ	4	150	12	1800	6	3.31
8017007			120 以内	120GFY-4	4	150	12	1800	6	3.31
8017008			160 以内	160GF	4	150	12	1800	6	3.31
8017009			200 以内	200GF	4	150	12	1800	6	3.31
8017010			250 以内	250GF4-4	4	150	12	1800	6	3.31
8017011			320 以内	320GF-2	4	150	12	1800	6	2.9

2.【机械名称】变压器

【实物图片】

【机械用途】

变压器是利用电磁感应的原理来改变交流电压的装置。变压器可以将电能转换成高电压低电流形式,然后再转换回去,因此大大减小了电能在输送过程中的损失,使得电能的经济输送距离达到更远。

【定额分类】

标准型变压器按功率分为 50kW 以内、100kW 以内、160kW 以内、200kW 以内、250kW 以内、315kW 以内、400kW 以内、500kW 以内、630kW 以内、800kW 以内和 1000kW 以内。

【计算参数】

代 号	机 具 名 称			残值率(%)	年工作台班	折旧年限	耐用总台班	大修理次数	K值
8017012	变压器	功率(kW)	50 以内	S9-50	4	200	15	3000	3	5.6
8017013			100 以内	S9-100	4	200	15	3000	3	5.09
8017014			160 以内	S9-160	4	200	15	3000	3	4.57
8017015			200 以内	S9-200	4	200	15	3000	3	4.56
8017016			250 以内	S9-250	4	200	15	3000	3	4.58
8017017			315 以内	S9-315	4	200	15	3000	3	4.06
8017018			400 以内	S9-400	4	200	15	3000	3	4.06
8017019			500 以内	S9-500	4	200	15	3000	3	3.56
8017020			630 以内	S9-630	4	200	15	3000	3	3.57
8017021			800 以内	S9-800	4	200	15	3000	3	3.57
8017022			1000 以内	S9-1000	4	200	15	3000	3	3.55

3.【机械名称】箱式变压器

【实物图片】

【机械用途】

箱式变压器(通常简称"箱变")将传统变压器集中设计在箱式壳体中,具有体积小、质量轻、噪声低、损耗低、可靠性高等特点,广泛应用于住宅小区、商业中心、轻轨站、机场、厂矿、企业、医院、学校等场所。

【定额分类】

标准型箱式变压器按容量分为50kV·A以内、100kV·A以内、160kV·A以内、200kV·A以内、250kV·A以内、315kV·A以内、400kV·A以内、500kV·A以内、630kV·A以内、800kV·A以内、1000kV·A以内、1250kV·A以内、1600kV·A以内和2000kV·A以内。

【计算参数】

代 号	机 具 名 称				残值率（%）	年工作台班	折旧年限	耐用总台班	大修理次数	K值
8017023	箱式变压器	容量（kV·A）	50以内	SC9-50	4	200	15	3000	3	3.56
8017024			100以内	SC9-100	4	200	15	3000	3	3.56
8017025			160以内	SC9-160	4	200	15	3000	3	3.56
8017026			200以内	SC9-200	4	200	15	3000	3	3.56
8017027			250以内	SC9-250	4	200	15	3000	3	3.56
8017028			315以内	SC9-315	4	200	15	3000	3	3.55
8017029			400以内	SC9-400	4	200	15	3000	3	3.56
8017030			500以内	SC9-500	4	200	15	3000	3	3.56
8017031			630以内	SC9-630	4	200	15	3000	3	3.56
8017032			800以内	SC9-800	4	200	15	3000	3	3.56
8017033			1000以内	SC9-1000	4	200	15	3000	3	3.56
8017034			1250以内	SC9-1250	4	200	15	3000	3	3.56
8017035			1600以内	SC9-1600	4	200	15	3000	3	3.56
8017036			2000以内	SC9-2000	4	200	15	3000	3	3.56

4.【机械名称】高压开关柜

【实物图片】

【机械用途】

高压开关柜用于电力系统发电、输电、配电、电能转换和消耗中起通断、控制或保护等作用。开关柜具有架空进出线、电缆进出线、母线联络等功能。主要适用于发电厂、变电站、石油化工、冶金轧钢、轻工纺织、厂矿企业和住宅小区、高层建筑等各种领域。

【计算参数】

代 号	机 具 名 称			残值率（%）	年工作台班	折旧年限	耐用总台班	大修理次数	K值
8017037	高压开关柜	600～1000A	GFC-3A-01-1000A	4	200	15	3000	5	2.03

5.【机械名称】低压配电屏

【实物图片】

【机械用途】
低压配电屏适用于发电厂、变电站、厂矿企业中作为交流50Hz、额定电压380V及以下的低压配电系统中动力、配电、照明之用。

【计算参数】

代　号	机 具 名 称			残值率（%）	年工作台班	折旧年限	耐用总台班	大修理次数	K值
8017038	低压配电屏	4×600A	BSL-1-43	4	200	15	3000	5	2.03

6.【机械名称】空气压缩机

【实物图片】

【机械用途】

空气压缩机作为一种重要的能源产生形式,被广泛应用于生产生活的各个环节。尤其是双螺杆式的空气压缩机被广泛应用于机械、冶金、电子电力、医药、包装、化工、食品、采矿、纺织、交通等众多工业领域,成为压缩空气的主流产品。可用于一般工厂、气动工具、涂装等仪器静电涂装、精密工业、精密零件干燥、电子工业等品工业、医药工业、包装输送、搅拌、干燥、呼吸用、计算机、高压电绝缘、集中管理计装、粉体的储藏输送、化学分析等。

【定额分类】

电动空气压缩机按排气量分为 $0.3m^3/min$ 以内、$0.6m^3/min$ 以内、$1m^3/min$ 以内、$3m^3/min$ 以内、$6m^3/min$ 以内、$10m^3/min$ 以内、$20m^3/min$ 以内和 $40m^3/min$ 以内,机动空气压缩机按排气量分为 $3m^3/min$ 以内、$6m^3/min$ 以内、$9m^3/min$ 以内、$12m^3/min$ 以内、$17m^3/min$ 以内和 $40m^3/min$ 以内。

【计算参数】

代 号	机 具 名 称				残值率（%）	年工作台班	折旧年限	耐用总台班	大修理次数	K 值
8017039	空气压缩机	电动	排气量（m³/min）	0.3 以内	Z-0.3/7	4	120	9	1080	2	3.86
8017040				0.6 以内	2V-0.6/7	4	120	9	1080	2	3.86
8017041				1 以内	3V-0.9/7	4	120	9	1080	2	3.87
8017042				3 以内	W-3/7DY	4	150	9	1350	2	3.86
8017043				6 以内	W-6/7DY	4	150	9	1350	2	3.86
8017044				10 以内	3L-10/8	4	200	8	1600	2	3.86
8017045				20 以内	4L-20/8	4	200	8	1600	2	3.86
8017046				40 以内	5L-40/8	4	150	8	1200	2	3.86
8017047		机动		3 以内	CV-3/8-1	4	150	8	1200	2	3.55
8017048				6 以内	WY-6/7A	4	150	8	1200	2	3.55
8017049				9 以内	VY-9/7	4	150	8	1200	2	3.55
8017050				12 以内	2VY1-12/7	4	150	8	1200	2	3.55
8017051				17 以内	LGY25-17/7	4	150	8	1200	2	3.55
8017052				40 以内		4	150	8	1200	2	3.15

7.【机械名称】工业锅炉

【实物图片】

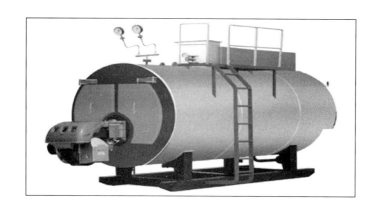

【机械用途】

工业锅炉是在工业生产中,利用燃料燃烧或电能转化的热量,将物料或工件加热的热工设备。是将燃料中的可燃元素碳、氢等成分在高温条件下与氧结合发生化学反应,放出热量,进而又将此热量传递给水,使水升温变成热水或蒸汽,供用户使用的一种设备,因此工业锅炉可称之为将燃料的化学能转化为热能的一种设备。工业锅炉所产生的热水或蒸汽可以供给用户用以采暖、空调、通风、制冷,也可用以工业加热、烘干、蒸煮、消毒等。

【定额分类】

工业锅炉按蒸发量分为1t/h以内、2t/h以内和4t/h以内。

【计算参数】

代 号	机 具 名 称				残值率(%)	年工作台班	折旧年限	耐用总台班	大修理次数	K值
8017054	工业锅炉	蒸发量(t/h)	1以内	DZL1-1.0-AⅢ	4	210	6	1260	2	2.24
8017055			2以内	DZL2-1.0-AⅢ	4	210	6	1260	2	2.24
8017056			4以内	DZL4-1.0-AⅢ	4	210	6	1260	2	2.24

8019 工程船舶

1.【机械名称】内燃拖轮

【实物图片】

【机械用途】
　　内燃拖轮船身小,船上没有装载货物的船舱,船上的动力装置功率大,船上还备有拖带设备,利用拖带运输方式,拖带没有动力的船舶。

【定额分类】

内燃拖轮按功率分为 44kW 以内、88kW 以内、147kW 以内、176kW 以内、221kW 以内、294kW 以内、368kW 以内、441kW 以内、588kW 以内、794kW 以内、882kW 以内、1228kW 以内、1441kW 以内、1941kW 以内、2353kW 以内、2500kW 以内和 2942kW 以内。

【计算参数】

代　号	机　具　名　称		残值率(%)	年工作台班	折旧年限	耐用总台班	大修理次数	K 值
8019001	内燃拖轮	功率 (kW)	44 以内	4	200	12	2400	3	1.56
8019002			88 以内	4	200	12	2400	3	1.56
8019003			147 以内	3	200	12	2400	3	1.56
8019004			176 以内	3	200	12	2400	3	1.56
8019005			221 以内	3	200	12	2400	3	1.56
8019006			294 以内	3	200	12	2400	3	1.56
8019007			368 以内	3	200	12	2400	3	1.56
8019008			441 以内	3	200	12	2400	3	1.56
8019009			588 以内	3	200	12	2400	3	1.56
8019010			794 以内	3	200	12	2400	3	1.56
8019011			882 以内	3	200	12	2400	3	1.56
8019012			1228 以内	3	200	12	2400	3	1.56
8019013			1441 以内	3	200	12	2400	3	1.56

续上表

代　号	机具名称		残值率（％）	年工作台班	折旧年限	耐用总台班	大修理次数	K 值
8019014	内燃拖轮	功率（kW） 1941 以内	3	200	12	2400	3	1.56
8019015	内燃拖轮	功率（kW） 2353 以内	3	200	12	2400	3	1.56
8019016	内燃拖轮	功率（kW） 2500 以内	3	200	12	2400	3	1.56
8019017	内燃拖轮	功率（kW） 2942 以内	3	200	12	2400	3	1.56

2.【机械名称】工程驳船

【实物图片】

【机械用途】

工程驳船是利用船上特有的工程机械来完成特定的水上或水下工程任务的船舶。就是船舶上搭载了用途不同的工程设备,其结构的设计与所搭载的工程设备相关,所以在设计建造中除需考虑工程设备因素外,其他与普通船舶并没有不同。它承担为海洋石油勘探、开发、生产提供全面的船舶作业支持服务,提供各种水深的起抛锚作业、海上设施及大型工程船舶的拖航就位、钻采物资运输供应、油田守护、提油支持、油田生产支持、消防和海上污染处理等多种船舶作业服务。包括:用于筑港的起重船、打桩船、管柱施工船、水下基础整平船、多用途作业平台、钻探船、爆破钻孔船、混凝土搅拌船、潜水工作艇、抛石驳和抛沙驳等。

【定额分类】

工程驳船按装载质量分30t以内、50t以内、80t以内、100t以内、150t以内、200t以内、300t以内、400t以内、500t以内、600t以内、800t以内、1000t以内、1500t以内、2000t以内、3000t以内、5000t以内和6000t以内。

【计算参数】

代　号	机 具 名 称		残值率(%)	年工作台班	折旧年限	耐用总台班	大修理次数	K值
8019018	工程驳船	装载质量(t)	30以内	4	230	12	2760	3	2.08
8019019			50以内	4	230	12	2760	3	2.08
8019020			80以内	4	230	12	2760	3	2.08
8019021			100以内	4	230	12	2760	3	2.08
8019022			150以内	4	230	12	2760	3	2.08
8019023			200以内	4	230	12	2760	3	2.08
8019024			300以内	3	230	12	2760	3	2.08
8019025			400以内	3	230	12	2760	3	2.08

续上表

代 号	机 具 名 称		残值率(%)	年工作台班	折旧年限	耐用总台班	大修理次数	K值
8019026	工程驳船	500 以内	3	230	12	2760	3	2.08
8019027		600 以内	3	230	12	2760	3	2.08
8019028		800 以内	3	230	12	2760	3	2.08
8019029		1000 以内	3	230	12	2760	3	2.08
8019030		装载质量(t) 1500 以内	3	230	12	2760	3	2.08
8019031		2000 以内	3	230	12	2760	3	2.08
8019032		3000 以内	3	230	12	2760	3	2.08
8019033		5000 以内	3	230	12	2760	3	2.08
8019034		6000 以内	3	230	12	2760	3	2.08

3.【机械名称】自航式工程驳船

【实物图片】

【机械用途】
同工程驳船。

【计算参数】

代 号	机 具 名 称		残值率(%)	年工作台班	折旧年限	耐用总台班	大修理次数	K值
8019035	自航式工程驳船	装载质量800t以内	3	230	12	2760	1	2.08

4.【机械名称】泥浆船

【实物图片】

【机械用途】
泥浆船负责清挖水道与河川淤泥,以便其他船舶顺利通过。

【计算参数】

代　号	机　具　名　称		残值率（%）	年工作台班	折旧年限	耐用总台班	大修理次数	K 值
8019036	泥浆船	容量1000m³以内	3	230	12	2760	1	2.08

5.【机械名称】打桩船

【实物图片】

【机械用途】

打桩船用于水上打桩作业,船体为钢箱型结构,在甲板的端部装有打桩架,可前俯后仰以适应施打斜桩的需要。打桩船为非自航船,用推(拖)轮牵引就位。打桩船广泛应用于桥梁、码头、水利工程施工。

【定额分类】

打桩船按桩架高度分为60m以内、80m以内和100m以内。

【计算参数】

代　号	机 具 名 称		残值率（%）	年工作台班	折旧年限	耐用总台班	大修理次数	K 值
8019037	打桩船	桩架高度(m) 60 以内	3	230	12	2760	2	1.56
8019038	打桩船	桩架高度(m) 80 以内	3	230	12	2760	2	1.56
8019039	打桩船	桩架高度(m) 100 以内	3	230	12	2760	2	1.56

6.【机械名称】船用柴油打桩锤

【实物图片】

【机械用途】

船用柴油打桩锤为修建桥梁、堤堰和其他筑路、水利及一般建筑工程中专供打造木桩、金属桩、混凝土预制桩、锤击夯扩灌注桩。

【定额分类】

船用柴油打桩锤按冲击能量分为272kN·m以内、334kN·m以内和417kN·m以内。

【计算参数】

代号	机具名称			残值率(%)	年工作台班	折旧年限	耐用总台班	大修理次数	K值
8019040	船用柴油打桩锤	冲击能量(kN·m)	272以内	耗油10L/h	3	150	10	1500	2	2.44
8019041			334以内	耗油10.8L/h	3	150	10	1500	2	2.44
8019042			417以内	耗油15.5L/h	3	150	10	1500	2	2.44

7.【机械名称】起重船

【实物图片】

【机械用途】

起重船又称浮吊,用于水上起重、吊装作业,作为港务船主要用于大件货物的装卸。船上有起重设备,吊臂有固定式和旋转式的,起吊量一般从数百吨至数千吨。起重船一般不能自航。

【定额分类】

起重船按提升质量分为旋转扒杆100t以内、130t以内、180t以内和350t以内,固定扒杆60t以内、100t以内、150t以内、200t以内、300t以内、500t以内和600t以内。

【计算参数】

代 号	机 具 名 称			残值率（%）	年工作台班	折旧年限	耐用总台班	大修理次数	K 值
8019043	起重船	旋转扒杆	100 以内	3	230	12	2760	2	2.44
8019044			130 以内	3	230	12	2760	2	2.44
8019045			180 以内	3	230	12	2760	2	2.44
8019046			350 以内	3	230	12	2760	2	2.44
8019047		固定扒杆	60 以内	3	230	10	2300	2	2.44
8019048			100 以内	3	230	10	2300	2	2.44
8019049			150 以内	3	230	12	2760	2	2.44
8019050			200 以内	3	230	12	2760	2	2.44
8019051			300 以内	3	230	12	2760	2	2.44
8019052			500 以内	3	230	12	2760	2	2.44
8019053			600 以内	3	230	12	2760	2	2.44

注：提升质量（t）为第三列表头。

8.【机械名称】混凝土搅拌船

【实物图片】

【机械用途】

混凝土搅拌船是具有船载混凝土搅拌站的工程驳船,主要用于跨海、跨江大桥等水上建设工程的混凝土生产设备。

【定额分类】

混凝土搅拌船按生产能力分为 100 m^3/h 以内、120m^3/h 以内和 150m^3/h 以内。

【计算参数】

代　号	机　具　名　称		残值率(%)	年工作台班	折旧年限	耐用总台班	大修理次数	K 值
8019056	混凝土搅拌船	生产能力（m³/h） 100 以内	3	180	12	2160	2	2.44
8019057		生产能力（m³/h） 120 以内	3	180	12	2160	2	2.44
8019058		生产能力（m³/h） 150 以内	3	180	12	2160	2	2.44

9.【机械名称】抛锚船

【实物图片】

【机械用途】

抛锚船设有专用的起锚设备,为其他船起锚和抛锚的船。其首部设有起锚吊杆和起锚设备,具有吃水浅、耐波性好、操纵灵活等特点,也可与挖泥船和起重船配套使用。随着海洋石油开发的发展,自航的钻井平台日益增多,其锚重和锚链尺寸比一般工程船大,起锚设备也相应增大,由此已发展一种兼有拖曳、起抛锚和供应功能的三用拖船。因应海上起锚需要,小拖船前端装置固定式吊杆成为起锚架,配置起重设备,具有起锚功能。可协助非自航式船舶布锚或起锚,也可布设浮筒、灯标等,为海上施工船队必备之船舶。

【定额分类】

抛锚船按功率分为240kW以内、373kW以内和522kW以内。

【计算参数】

代号	机具名称		残值率(%)	年工作台班	折旧年限	耐用总台班	大修理次数	K值
8019059	抛锚船	功率(kW)	240以内	3	230	10	2300	2	2.44
8019060			373以内	3	230	10	2300	2	2.44
8019061			522以内	3	230	10	2300	2	2.44

10.【机械名称】机动艇

【实物图片】

【机械用途】
机动艇是以汽油机、柴油机或涡轮喷气发动机等为动力的船艇。

【定额分类】
机动艇按功率分为123kW以内和198kW以内。

【计算参数】

代　号	机具名称		残值率(%)	年工作台班	折旧年限	耐用总台班	大修理次数	K值
8019062	机动艇	功率(kW)	123 以内	3	230	10	2300	2	2.44
8019063			198 以内	3	230	10	2300	2	2.44

8021　工程检测仪器仪表

1.【机械名称】光纤测试仪

【实物图片】

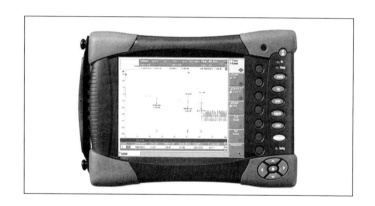

【机械用途】
　　光纤测试仪可测试光缆的长度、断点、平均损耗等,是利用光线在光纤中传输时的瑞利散射和菲涅尔反射所产生的背向散射而制成的精密的光电一体化仪表。它是通过对被测光纤发光,并观察其后向散射曲线来判定光纤长

度以及光纤衰减点分布的一个仪器。

【计算参数】

代 号	机 具 名 称	残值率(%)	年工作台班	折旧年限	耐用总台班	大修理次数	K值
8021001	光纤测试仪	4	120	5	600	2	0.51

2.【机械名称】局域网电缆测试仪

【实物图片】

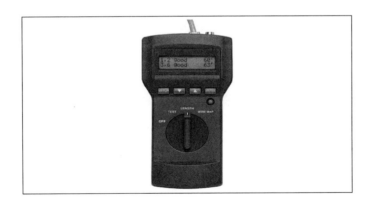

【机械用途】

局域网电缆测试仪主要是用来局域网安装,适合于电缆批发商、零售商、承包商、电工安装和电缆报警安装,评估个人线路故障(开路和短路)、配对和距离。

【计算参数】

代 号	机 具 名 称		残值率（％）	年工作台班	折旧年限	耐用总台班	大修理次数	K 值
8021002	局域网电缆测试仪	超五类 FLUKE2000	4	120	5	600	2	0.51

3.【机械名称】微机硬盘测试仪

【实物图片】

【机械用途】

微机硬盘测试仪是继电保护通用测试装置,主要用于各电压等级的电磁型,集成电路型及微机型各类保护继电器及保护系统的测试和研究,可实现电压电流幅值、相位频率的灵活控制,并具备各种继电器和保护的专用测试模块。它是电力基层单位保护装置投运前调试和定期检验的必备工具之一。

【计算参数】

代　号	机　具　名　称	残值率(%)	年工作台班	折旧年限	耐用总台班	大修理次数	K值
8021003	微机硬盘测试仪	4	120	5	600	2	0.51

4.【机械名称】误码率测试仪

【实物图片】

【机械用途】

在通信系统的设计实现过程中,都需要测试系统的误码性能。随着大规模集成电路的迅速发展,误码率测试仪在保持其集成度高、体积小、功耗低、性价比高特性的同时,能够实现越来越复杂的设计功能,日益广泛地应用于通信设备的设计实现中。

【计算参数】

代号	机具名称		残值率（%）	年工作台班	折旧年限	耐用总台班	大修理次数	K值
8021004	误码率测试仪	2Mb/s	4	120	5	600	2	0.51

5.【机械名称】PCM 通道测试仪

【实物图片】

【机械用途】

PCM 通道测试仪是一种数字传输系统测试仪,用于 PCM 线路的开通测试、工程验收、日常维护,主要针对 E1

(2Mb/s)线路进行通道测试、告警分析、故障查找等。

【计算参数】

代　号	机具名称		残值率(%)	年工作台班	折旧年限	耐用总台班	大修理次数	K值
8021005	PCM通道测试仪	20~4000Hz，-60~10dB	4	120	5	600	2	0.51

6.【机械名称】信令分析仪

【实物图片】

【机械用途】
信令分析仪基于数据库分析模块，通过高级编程过滤功能，对各项数据进行用户自定义的组合分析和综合分

析,为网络运营、维护提供多视角的服务。

【计算参数】

代 号	机 具 名 称	残值率(%)	年工作台班	折旧年限	耐用总台班	大修理次数	K 值
8021006	信令分析仪	4	120	5	600	2	0.51

7.【机械名称】网络分析仪

【实物图片】

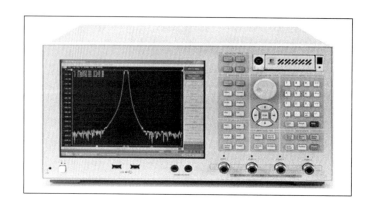

【机械用途】

网络分析仪是一种功能强大的仪器,正确使用时,可以达到极高的精度。它的应用也十分广泛,在很多行业都不可或缺,尤其在测量无线射频(RF)元件和设备的线性特性方面非常有用。现代网络分析仪还可以应用于更具体的场合,如信号完整性和材料的测量。

【计算参数】

代 号	机 具 名 称		残值率(%)	年工作台班	折旧年限	耐用总台班	大修理次数	K 值
8021007	网络分析仪	10MHz～110GHz	4	120	5	600	2	0.51

8.【机械名称】频谱分析仪

【实物图片】

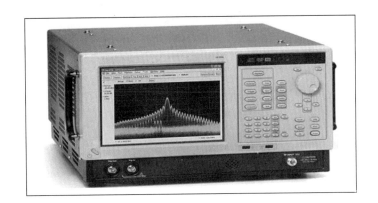

【机械用途】

频谱分析仪是研究电信号频谱结构的仪器,用于信号失真度、调制度、谱纯度、频率稳定度和交调失真等信号参数的测量,可用以测量放大器和滤波器等电路系统的某些参数,是一种多用途的电子测量仪器。频谱分析仪是对无线电信号进行测量的必备手段,是从事电子产品研发、生产、检验的常用工具,因此应用十分广泛。

【计算参数】

代　号	机 具 名 称		残值率（%）	年工作台班	折旧年限	耐用总台班	大修理次数	K 值
8021008	频谱分析仪	9kHz～26.5GHz	4	120	5	600	2	0.51

9.【机械名称】继电保护测试仪

【实物图片】

【机械用途】

继电保护测试仪是一种新型智能化测试仪器,以前的继电保护试验工具主要是用调压器和移相器组合而成,体积笨重,精度不高,已不能满足现代微机继电保护的校验工作。随着科学技术的不断发展,微机继电保护已广泛运用于线路保护、主变差动保护、励磁控制等各个领域,变电站综合自动化已成为主流。所以,继电保护测试仪,必将成为现代继电保护工作人员必不可少的试验工具。

【计算参数】

代 号	机 具 名 称		残值率（%）	年工作台班	折旧年限	耐用总台班	大修理次数	K值
8021009	继电保护测试仪	MRT-02	4	120	5	600	2	0.51

10.【机械名称】三相精密测试电源

【实物图片】

【机械用途】

三相精密测试电源主要用于电压表、电流表、相位表、频率表、功率表、功率因数表等数显指示仪表的测定和检定;仪用电压互感器、仪用电流互感器、钳形电流互感器等电量传感器的测定和检定;电压变送器、电流变送器、功率变送器、功率因数变送器、频率变送器等电量变送器的测定和检定;电能表、继电表、无功补偿控制器、电力数据

— 375 —

采集器、电力参数测试仪、电压监测仪、配电负荷检测仪、多功能电力仪表、失压失流计时器等电量测试仪器的测试与检定。

【计算参数】

代 号	机 具 名 称		残值率（%）	年工作台班	折旧年限	耐用总台班	大修理次数	K值
8021010	三相精密测试电源	JCD4060	4	120	5	600	2	0.51

11.【机械名称】电能校验仪

【实物图片】

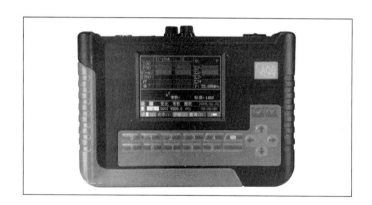

【机械用途】

电能校验仪广泛应用于电力、冶金、化工、烟草、纺织、铁路、船舶等行业，为电力计量部门在不拆电表、不停电的情况下现场进行电度表误差校验,以及为电力稽查部门对偷窃电违法行为的查证提供了方便的解决方案。

【计算参数】

代　号	机 具 名 称		残值率（%）	年工作台班	折旧年限	耐用总台班	大修理次数	K值
8021011	电能校验仪	ST9040	4	120	5	600	2	0.51

12.【机械名称】记录仪

【实物图片】

【机械用途】

记录仪是以先进的 CPU 为核心,并辅以大规模集成电路、大容量 FLASH 存储、信号智能调理、SmartBus 总线以及高分辨率图形液晶显示器的新型智能化无纸记录仪表,采用长寿命 LED 背光 160mm×128mm 单色液晶显示屏,支持4/8/16通道模拟量通用输入或2/4/8通道模拟输出与12通道报警输出,设定数据与记录数据具掉电保护功能,具有体积小、通道数多、功耗低、精度高、通用性强、运行稳定、可靠性高等特点。

【计算参数】

代 号	机 具 名 称		残值率（%）	年工作台班	折旧年限	耐用总台班	大修理次数	K值
8021012	记录仪	8203-1-1	4	120	5	600	2	0.51

13.【机械名称】真空断路器测试仪

【实物图片】

【机械用途】

真空断路器测试仪最突出的特点是采用新型励磁线圈及数据处理方法,实现了真空度的不拆卸测量。本仪器具有使用方便、操作简便、不拆卸测量和测试精度高等优点,是一种实用的检测仪器,广泛适用于电力、钢铁、石化、纺织、煤炭、铁路等使用真空开关的部门。

【计算参数】

代号	机具名称		残值率(%)	年工作台班	折旧年限	耐用总台班	大修理次数	K值
8021013	真空断路器测试仪	VIDAR	4	120	5	600	2	0.51

14.【机械名称】光纤熔接机

【实物图片】

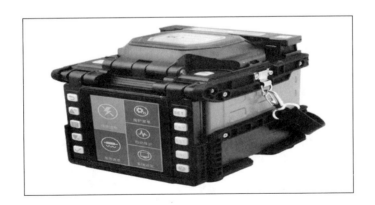

【机械用途】

光纤熔接机主要用于光通信中光缆的施工和维护,也称光缆熔接机。一般工作原理是利用高压电弧将两光纤断面熔化的同时,用高精度运动机构平缓推进让两根光纤融合成一根,以实现光纤模场的耦合。

　　光纤熔接机主要应用于:电信运营商、通信工程公司、事业单位的光缆线路施工、维护、应急抢修;光器件的实验、生产与测试;科研;各大院校中有关光纤通信专业的教学研究。

【计算参数】

代　号	机具名称		残值率(%)	年工作台班	折旧年限	耐用总台班	大修理次数	K 值
8021014	光纤熔接机	平均连接损耗 0.05db	4	120	5	600	2	0.51

15.【机械名称】光缆气流吹缆机

【实物图片】

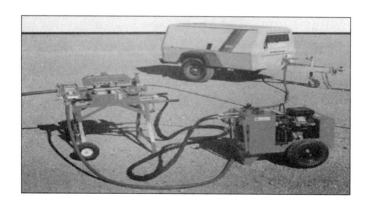

【机械用途】

光缆气流吹缆机利用机械推缆器把通信光缆、电缆或电力电缆推进管道,同时利用空气压缩机把强大的气流通过气吹机的密封仓送入管道,产生的高速气流在光缆的表面形成一种拖曳力,促使光缆前进。

【计算参数】

代 号	机 具 名 称	残值率(%)	年工作台班	折旧年限	耐用总台班	大修理次数	K值
8021015	光缆气流吹缆机	4	120	5	600	2	0.51

16.【机械名称】光时域反射仪

【实物图片】

【机械用途】

光时域反射仪是通过对测量曲线的分析,了解光纤的均匀性、缺陷、断裂、接头耦合等若干性能的仪器。它根据光的后向散射与菲涅耳反向原理制作,利用光在光纤中传播时产生的后向散射光来获取衰减的信息,可用于测量光纤衰减、接头损耗、光纤故障点定位以及了解光纤沿长度的损耗分布情况等,是光缆施工、维护及监测中必不可少的工具。

【计算参数】

代　号	机 具 名 称	残值率（%）	年工作台班	折旧年限	耐用总台班	大修理次数	K值
8021016	光时域反射仪	1.3～1.55μm	4	120	5	600	2	0.51

17.【机械名称】光功率计

【实物图片】

【机械用途】
光功率计是指用于测量绝对光功率或通过一段光纤的光功率相对损耗的仪器。在光纤系统中,测量光功率是最基本的,非常像电子学中的万用表;在光纤测量中,光功率计是重负荷常用表。通过测量发射端机或光网络的绝对功率,一台光功率计就能够评价光端设备的性能。用光功率计与稳定光源组合使用,则能够测量连接损耗、检验连续性,并帮助评估光纤链路传输质量。该仪器测量精度高,稳定可靠,是一种智能化的、高性能的通用光功率计。采用了精确的软件校准技术,可测量不同波长的光功率,具有好的性价比。是光电器件、光无源器件、光纤、光缆、光纤通信设备的测量,以及光纤通信系统工程建设和维护的必备测量工具。

【计算参数】

代　号	机具名称		残值率（%）	年工作台班	折旧年限	耐用总台班	大修理次数	K值
8021017	光功率计	0.38～1.8μm	4	120	5	600	2	0.51

18.【机械名称】场强仪

【实物图片】

【机械用途】

场强仪是测量场强(电平)的仪器。它可以满足电视、调频、有线电视系统的场强(电平)、图像/伴音比、载波/噪声比、数字频道功率、频谱分析仪、HUM、互调、回传评估的高精度测量。该仪器配有一块液晶显示屏,可以直观地显示出测量数据。

【计算参数】

代 号	机具名称		残值率(%)	年工作台班	折旧年限	耐用总台班	大修理次数	K值
8021018	场强仪	300MHz~10GHz,20~130dB	4	120	5	600	2	0.51

19.【机械名称】万能母线机

【实物图片】

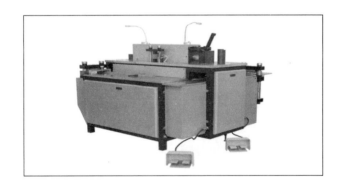

【机械用途】

万能母线机主要用于成套输配电设备、电力成套生产加工制造企业。万能母线加、装有六个加工单元,通过手动和脚踏开关可分别进行母线的冲、剪、折加工。使用本机与传统母线机相比生产效率高,使用方便。机器不用通过更换模具可以实现多种加工功能,如冲长圆孔、折立弯、折平弯、压花和压平等。机器配有手动按钮和脚踏开关两种操作方式,操作简单,使用灵活方便,一般熟练工人可以很容易使用操作。多功能母线加工机的折弯单元采用数控方式,具备记忆功能,操作更先进化,输入数据,即可重复使用。

【计算参数】

代　号	机 具 名 称	残值率（%）	年工作台班	折旧年限	耐用总台班	大修理次数	K 值
8021019	万能母线机	4	120	5	600	2	0.51

20.【机械名称】数字存储示波器

【实物图片】

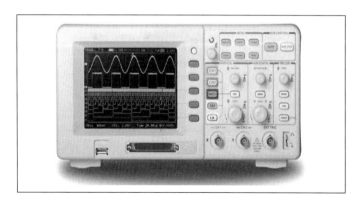

【机械用途】

数字存储示波器是现代测试领域中重要的测量工具,是电子测量中最常用的一种仪器,主要应用于时域测试,特别适用于观察、测量、记录各种瞬时物理现象,并以图形方式显示其与实践的关系。示波器直观地显示效果有助于被测对象深入理解。

【计算参数】

代 号	机 具 名 称		残值率(%)	年工作台班	折旧年限	耐用总台班	大修理次数	K 值
8021020	数字存储示波器	HP-54603B	4	120	5	600	2	0.51

21.【机械名称】示波器

【实物图片】

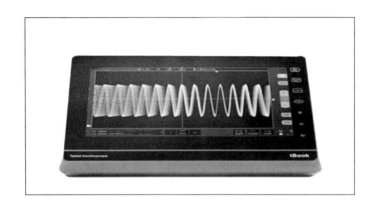

【机械用途】
　　示波器是一种用途十分广泛的电子测量仪器。它能把肉眼看不见的电信号变换成看得见的图像,便于人们研究各种电现象的变化过程。示波器利用狭窄的、由高速电子组成的电子束,打在涂有荧光物质的屏面上,就可产生细小的光点(这是传统的模拟示波器的工作原理)。在被测信号的作用下,电子束就好像一支笔的笔尖,可以在屏面上描绘出被测信号的瞬时值的变化曲线。利用示波器能观察各种不同信号幅度随时间变化的波形曲线,可用它测试各种不同的电量,如电压、电流、频率、相位差、调幅度等;也可用来测量交流电或脉冲电流波形状的仪器,由电子管放大器、扫描振荡器、阴极射线管等组成;除观测电流的波形外,还可以测定频率、电压强度等。凡可以变为电

效应的周期性物理过程都可以用示波器进行观测。

【计算参数】

代 号	机 具 名 称		残值率（%）	年工作台班	折旧年限	耐用总台班	大修理次数	K 值
8021021	示波器	1GSa/s	4	120	5	600	2	0.51

22.【机械名称】双通道示波器

【实物图片】

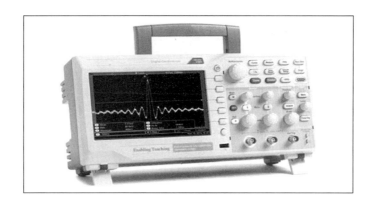

【机械用途】
双通道示波器能够实现数据采集、显示波形、数据储存、测量录音、打印数据和在线传输等多种功能。该仪器

拥有稳定的显示、精准的测量、功能扩展和方便不同水平的人员操作的友好交互界面等优势。

【计算参数】

代 号	机 具 名 称		残值率（%）	年工作台班	折旧年限	耐用总台班	大修理次数	K 值
8021022	双通道示波器	100MHz,双通道	4	120	5	600	2	0.51

23.【机械名称】数显频率发生器

【实物图片】

【机械用途】

数显频率发生器是采用数字电路制成的,实现对周期性变化信号的频率的测量。数据频率发生器是计算机、通信设备、音频视频等科研生产领域不可缺少的测量仪器。它是一种用十进制数字,显示被测信号频率的数字测量仪器。它的基本功能是测量正弦信号、方波信号以及其他各种单位时间内变化的物理量。在进行模拟、数字电路的设计、安装、调试过程中,由于其使用十进制数显示,测量迅速,精度高,显示直观,所以经常会用到。

【计算参数】

代 号	机具名称		残值率(%)	年工作台班	折旧年限	耐用总台班	大修理次数	K 值
8021023	数显频率发生器	HP33120A	4	120	5	600	2	0.51

24.【机械名称】彩色监视器

【实物图片】

【机械用途】
　　彩色监视器作为闭路监控系统的显示终端,是除了摄像头外监控系统中不可或缺的一环。长期以来,监视器

主要应用在金融场所、珠宝店、医院、地铁、火车站、飞机场、展览会所、商业写字楼、休闲娱乐场所等,负责安防方面的工作。由于技术的发展,闭路监控系统整套成本得到了很好的调整。越来越多的小企业也具备价格承受能力,开始建立自己的监控系统实现安防或其他监控需求。

【计算参数】

代 号	机 具 名 称		残值率（%）	年工作台班	折旧年限	耐用总台班	大修理次数	K 值
8021024	彩色监视器	14″	4	120	5	600	2	0.51

25.【机械名称】电视测试信号发生器

【实物图片】

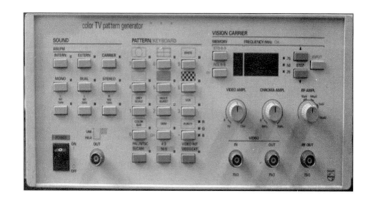

【机械用途】

电视测试信号发生器按电视制式产生专门的测试信号,作为对电视系统或设备进行测量的信号源。该仪器所产生的信号符合国际标准和我国电视测量标准,满足电视测量的需要,广泛适用于各电视台、卫星地面站及电视设备生产、检测、开发等单位和相关院所。

【计算参数】

代号	机具名称	残值率(%)	年工作台班	折旧年限	耐用总台班	大修理次数	K值
8021025	电视测试信号发生器	4	120	5	600	2	0.51

26.【机械名称】便携式计算机

【实物图片】

【机械用途】

便携式计算机是一种用于高速计算的、便于携带的电子计算机器,可以进行数值计算,又可以进行逻辑计算,还具有存储记忆功能,是能够按照程序运行,自动、高速处理海量数据的现代化智能电子设备。

【计算参数】

代 号	机 具 名 称	残值率（%）	年工作台班	折旧年限	耐用总台班	大修理次数	K 值
8021026	便携式计算机	4	120	5	600	2	0.51

27.【机械名称】数字多用表

【实物图片】

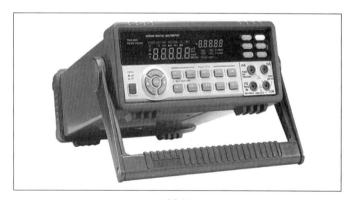

【机械用途】

数字多用表(DMM)是在电气测量中要用到的电子仪器。它可以有很多特殊功能,但主要功能就是对电压、电阻和电流进行测量。它作为现代化的多用途电子测量仪器,主要用于物理、电气、电子等测量领域。

【计算参数】

代 号	机 具 名 称		残值率(%)	年工作台班	折旧年限	耐用总台班	大修理次数	K 值
8021027	数字多用表	600mV～600V	4	120	5	600	2	0.51

28.【机械名称】微波频率计

【实物图片】

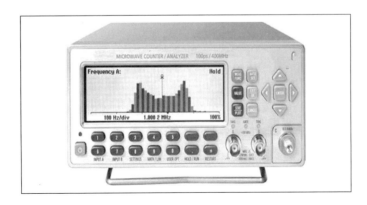

【机械用途】

微波频率计被广泛应用在产线的生产测试中。频率计能够快速捕捉到晶体振荡器输出频率的变化,用户通过使用频率计能够迅速发现有故障的晶振产品,确保产品质量。在计量试验室中,频率计被用来对各种电子测量设备的本地振荡器进行校准。在无线通信测试中,频率计既可以被用来对无线通信基站的主时钟进行校准,还可以被用来对无线电台的跳频信号和频率调制信号进行分析。

【计算参数】

代 号	机 具 名 称		残值率（%）	年工作台班	折旧年限	耐用总台班	大修理次数	K 值
8021028	微波频率计	F:10Hz～40GHz	4	120	5	600	2	0.51

29.【机械名称】高压试验变压器全套装置

【实物图片】

【机械用途】

高压试验高压器是根据标准《试验变压器》在原同类产品基础上经过大量改进后而生产的,交直流高压试验变压器是在 YD 系列试验变压器的基础上经过改进后而生产的一种新型产品。本系列产品具有体积小、质量轻、结构紧凑、功能齐全、通用性强和使用方便等特点。特别适用于电力系统、工矿企业、科研部门等对各种高压电气设备、电器元件、绝缘材料进行工频或直流高压下的绝缘强度试验,是高压试验中必不可少的重要设备。

【计算参数】

代号	机具名称		残值率(%)	年工作台班	折旧年限	耐用总台班	大修理次数	K 值
8021029	高压试验变压器全套装置	YDJ	4	120	5	600	2	0.51

30.【机械名称】直流高压发生器

【实物图片】

【机械用途】

直流高压发生器主要用于研究电气设备直流静电及换流站设备和绝缘材料在直流高电压下的绝缘强度、直流输电线路电晕和离子流及其效应,以及进行交、直流电力设备的泄漏电流试验。还可以作为其他高压试验设备如冲击电压发生器、冲击电流发生器、振荡回路等的电源。在其他科技领域里,如物理学(加速器、电子显微镜等)、电子医疗(X射线)、工业应用(废气沉淀、静电喷漆等)或电子通信(电视、广播站)等方面也被广泛应用。

【计算参数】

代 号	机具名称		残值率(%)	年工作台班	折旧年限	耐用总台班	大修理次数	K 值
8021030	直流高压发生器	ZGF-200	4	120	5	600	2	0.51

31.【机械名称】轻型试验变压器

【实物图片】

【机械用途】

轻型试验变压器具有体积小、质量轻、结构紧凑、功能齐全、使用方便等特点。适用于电力、工矿、科研等部门，对各种高压电气设备、电器元件、绝缘材料进行耐压试验和直流泄漏试验，是高压试验中必不可少的仪器。

【计算参数】

代　号	机　具　名　称		残值率（%）	年工作台班	折旧年限	耐用总台班	大修理次数	K值
8021031	轻型试验变压器	TSB	4	120	5	600	2	0.51

32.【机械名称】数字高压表

【实物图片】

【机械用途】

数字高压表通过仪表线与高压测量端相连,可实现远距离清晰读数,使用安全、方便。该系列交直流数字高压表输入阻抗高,线性度好,采用特殊的屏蔽技术,减少高压对示值的影响,从而实现高稳定度,高线性度。数字高压表是阻容等电位屏蔽分压式高压测量装置,主要用于脉冲高压、雷电高压、工频高压的测量,是代替高压静电电压表的首选。具有操作简便、显示直观、精度高、体积小、质量轻等特点,适用于发电厂、变电站、高压电器设备制造厂和高电压试验室等。

【计算参数】

代号	机具名称		残值率(%)	年工作台班	折旧年限	耐用总台班	大修理次数	K值
8021032	数字高压表	GYB-Ⅱ	4	120	5	600	2	0.51

8023　通　风　机

1.【机械名称】轴流式通风机

【实物图片】

【机械用途】
　　轴流式通风机是目前市场上最常用的一种通风、送风设备,"轴流式"是因为气体平行于风机轴流动,就是与风叶的轴同方向的气流,如电风扇、空调外机风扇就是轴流方式运行风机。该机械可用于冶金、化工、轻工、食品、医

药及民用建筑等场所通风换气或加强散热之用,也可在较长的排气管道内间隔串联安装,以提高管道中的风压。

【定额分类】

轴流式通风机按额定功率分为7.5kW以内、30kW以内、40kW以内、75kW以内、100kW以内、110kW以内、150kW以内和200kW以内。

【计算参数】

代号	机具名称			残值率(%)	年工作台班	折旧年限	耐用总台班	大修理次数	K值
8023001	轴流式通风机	功率(kW)	7.5以内	T35-11№11.2A	4	75	10	750	1	2.55
8023002			30以内		4	75	10	750	1	2.55
8023003			40以内		4	75	10	750	1	2.54
8023004			75以内		4	75	10	750	1	2.54
8023005			100以内		4	75	10	750	1	2.54
8023006			110以内		4	75	10	750	1	2.54
8023007			150以内		4	75	10	750	1	2.54
8023008			200以内		4	75	10	750	1	2.54

2.【机械名称】离心式通风机

【实物图片】

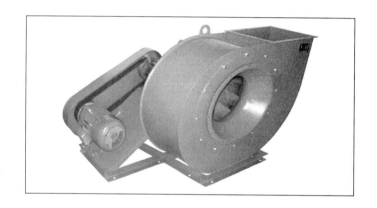

【机械用途】

离心式通风机是一款常见的抽风机产品,由于其使用效率高,广泛用于工矿厂房和民用建筑、大型公共建筑、发电厂等场所,还可以作为空气处理设施、热风循环设施的配套设备。

【定额分类】

离心式通风机按风量分为 $506 \sim 708 m^3/min$、$756 \sim 899 m^3/min$、$900 \sim 1259 m^3/min$、$1200 \sim 1678 m^3/min$ 和 $1523 \sim 2132 m^3/min$。

【计算参数】

代　号	机具名称		残值率(%)	年工作台班	折旧年限	耐用总台班	大修理次数	K值
8023009	离心式通风机	风量（m³/min）	506~708	4	160	6	960	1	2.54
8023010			756~899	4	160	6	960	1	2.54
8023011			900~1259	4	160	6	960	1	2.54
8023012			1200~1678	4	160	6	960	1	2.54
8023013			1523~2132	4	160	6	960	1	2.54

3.【机械名称】吹风机

【实物图片】

【机械用途】

吹风机具有风力强劲、灵活简便、费用低廉、维修方便的特点。吹风机由柴油机带动,风机口对着侧后方,对路面抛洒的秸秆和落叶等路面附着力较弱的污染物具有较强、较快的清洁作用。

【计算参数】

代 号	机 具 名 称		残值率(%)	年工作台班	折旧年限	耐用总台班	大修理次数	K值
8023014	吹风机	风量(m³/min)	4 以内	4	75	10	750	1	2.55

4.【机械名称】鼓风机

【实物图片】

【机械用途】

鼓风机输送介质以清洁空气、清洁煤气、二氧化硫及其他惰性气体为主,也可按需生产输送其他易燃、易爆、易蚀、有毒及特殊气体。

【定额分类】

鼓风机按风量分为 $8m^3/min$ 以内和 $18m^3/min$ 以内。

【计算参数】

代 号	机 具 名 称			残值率(%)	年工作台班	折旧年限	耐用总台班	大修理次数	K值
8023015	鼓风机	风量 (m^3/min)	8 以内	4	75	10	750	1	2.56
8023016			18 以内	4	75	10	750	1	2.54

5.【机械名称】喷砂除锈机

【实物图片】

【机械用途】
　　喷砂除锈机用压缩空气将磨料高速喷向工件的表面,通过清除表面的氧化层、锈迹等,以提高表面外观质量。喷沙除锈机主要采用压缩空气为动力,以形成高速喷射束将喷料高速喷射到被需要处理工件表面,使工件表面的外表或形态发生变化。由于磨料对工件表面的冲击和切削作用,使工件的表面获得一定的清洁度和不同的粗糙度,使工件表面的机械性能得到改善,因此提高了工件的抗疲劳性,增加了它和涂料之间的附着力,延长了涂膜的耐久性,也有利于涂料的流平和装饰。

【计算参数】

代　号	机 具 名 称	残值率(%)	年工作台班	折旧年限	耐用总台班	大修理次数	K值
8023017	喷砂除锈机	4	85	5	425	1	4.06

6.【机械名称】液压无气喷涂机

【实物图片】

【机械用途】

液压无气喷涂机强大的汽油引擎液压动力专为厚质工程材料设计,适用于内墙腻子、防腐、防火、防水涂料,内外墙装饰涂料的喷涂施工。

【计算参数】

代 号	机 具 名 称			残值率（%）	年工作台班	折旧年限	耐用总台班	大修理次数	K 值
8023018	液压无气喷涂机	生产率1200m²/h	PT6900	4	120	6	720	1	4.07

8025　其他机械

1.【机械名称】潜水设备

【实物图片】

【机械用途】
潜水设备广泛用于救生打捞、水下工程、水产养殖等水下作业。

【计算参数】

代　号	机 具 名 称	残值率（%）	年工作台班	折旧年限	耐用总台班	大修理次数	K 值
8025001	潜水设备	4	130	6	780	1	14.22

2.【机械名称】潜水减压舱

【实物图片】

 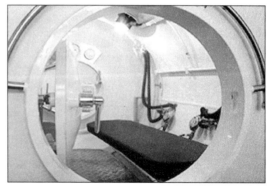

【机械用途】

潜水员深水上岸时,会因压力改变而罹患减压病,俗称潜水员病或沉箱病,这是潜水危害及气压病的一种。潜水减压舱的作用是把"已经打开的可乐"重新加压,不让气泡产生,然后再慢慢减压,在安全范围内,不产生大量气泡,让气体慢慢排出。

【计算参数】

代 号	机 具 名 称	残值率（%）	年工作台班	折旧年限	耐用总台班	大修理次数	K 值
8025002	潜水减压舱	4	180	10	1800	1	3.28

3.【机械名称】工程修理车

【实物图片】

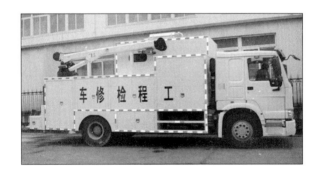

【机械用途】

工程修理车主要用于高压清洗、窨井清淤、管道清理、污水排放等应急抢险抢修,及市政供水、供电、及高速公路的应急抢修。

【定额分类】

工程修理车按功率分为 70kW 以内和 90kW 以内。

【计算参数】

代　号	机　具　名　称			残值率（%）	年工作台班	折旧年限	耐用总台班	大修理次数	K 值
8025003	工程修理车	功率（kW）	70 以内　JX-12A	4	200	5	1000	1	2.34
8025004			90 以内　EQ-141	4	200	5	1000	1	2.34